KB059283

조직을 성공으로 이끄는
프로덕트 오너

조직을 성공으로 이끄는

프로덕트 오너

초판 1쇄 발행 2020년 3월 30일
　　　8쇄 발행 2023년 6월 20일

지은이 김성한
펴낸이 오세인 | 펴낸곳 세종서적(주)

주간 정소연
편집 최정미 | 디자인 김진희 | 인쇄 천광인쇄
마케팅 임종호 | 경영지원 홍성우

출판등록 1992년 3월 4일 제4-172호
주소　　　서울시 광진구 천호대로132길 15, 세종 SMS 빌딩 3층
전화　　　경영지원 (02)778-4179, 마케팅 (02)775-7011 | 팩스 (02)776-4013
홈페이지 www.sejongbooks.co.kr | 네이버 포스트 post.naver.com/sejongbook
페이스북 www.facebook.com/sejongbooks | 원고 모집 sejong.edit@gmail.com

ISBN 978-89-8407-784-3 03320

쿠팡의 PO가 말하는 애자일 혁신 전략

PRODUCT OWNER

김성한 지음

조직을 성공으로 이끄는

프로덕트 오너

세종

올바른 프로덕트를 만드는 방법을 가르쳐준
나의 스승 비벡, 트리디브, 에릭에게 바칩니다.

• • •

Dedicating to Vivek, Tridiv, and Erik,
who, in succession, taught me how to build the right products.

● ● ● 이 책의 저자인 스티븐은 쿠팡에서 개발자나 경영진이 꼭 해결해야 하는 문제에 집중할 수 있도록, 언제나 체계적이고 분석적인 방법으로 이끌었다. 그 결과 정말 고객에게 도움이 되고 급성장할 수 있는 프로덕트를 짧은 시간에 많이 론칭할 수 있었다. 진정한 비전을 향해 팀의 모두가 움직일 수 있도록 영향을 끼치는 것이 프로덕트 관리의 가장 어려운 일이고, 모든 프로덕트 오너PO가 그걸 잘 해내지 못한다. 그래서 이 책이 존재한다고 믿는다. 급속도로 확장 가능한 방법으로 수많은 사람들에게 가치를 제공할 수 있는, 의미 있는 테크 프로덕트를 개발하고자 하는 모든 이들에게 유용한 자원이 될 것이다.

센틸 수쿠마Senthil Sukumar, 구글 비즈니스 인텔리전스 리더

● ● ●　프로덕트의 경쟁력이 결국 회사의 경쟁력이고, 이를 책임지는 프로덕트 오너의 중요성은 더욱더 커지고 있다. 하지만 프로덕트가 무엇을 의미하는지, 그리고 이를 책임지는 프로덕트 오너라는 직무가 어떤 일을 하는지에 대해서 명확히 이해하고 있는 경영자가 매우 드문 것이 현실이다. 이 책은 점점 더 중요해지고 있는 직업인 프로덕트 오너가 어떤 일을 하고, 어떤 역량이 필요한지 등을 저자의 경험을 통해서 A부터 Z까지 세세히 알려준다. 당신이 스타트업의 창업자이거나, 상당한 규모의 온라인 서비스를 운영하는 경영자이거나, 또는 프로덕트 오너가 되기를 원하는 직원이라면 이 책을 꼭 한번 읽어보기를 권한다. 프로덕트 오너에 대한 통찰력, 고객 경험의 핵심인 프로덕트에 대한 이해, 더 나아가서 프로덕트 조직을 이끄는 리더십에 대한 통찰력을 높일 수 있는 기회가 될 것이다.

강신봉, 딜리버리히어로코리아(요기요) 대표이사

●　●　●　디지털 혁신의 수단은 기술이지만 목적은 '사람'이어야 한다. 기술은 편리함을 주지만, 고객은 편리함만으로는 서비스를 선택하지 않는다. 이 책은 IT 서비스 프로덕트 오너로서 풍부한 지식과 경험을 가진 저자의 이야기를 통해, '어떻게 고객의 일상에 파고드는 서비스를 만들어낼까'에 대한 갈증을 해결해준다. 앞으로 『프로덕트 오너』가 '사람 중심의 디지털 혁신·서비스'를 제공하고자 하는 모든 사람들을 위한 필독서로 자리매김하길 기대한다.

김광수, NH농협금융지주 회장

● ● ●　『프로덕트 오너』는 프로덕트를 만드는 모두를 위한 책이다. 프로덕트 오너의 역할에 대해 집중적으로 다루지만, 직무와 상관없이 우리 회사의 모든 직원에게 권할 예정이다. 개인적으로 나는 상당히 오랜 기간 동안 프로덕트를 만들어왔기 때문에, 고객을 이해하고, 무엇을 만들어야 하는지 결정하고, 실제로 실행에 옮기고, 성과를 측정하는 방식을 이렇게 상세하게 나눠서 설명하는 책을 보니 기분이 상쾌해졌다. 프로덕트를 이제 만들기 시작한 사람이든, 오랜 기간 해온 프로덕트 오너든 모두에게 도움이 될 책이다.

빅터 칭Victor Ching, O2O 홈서비스 미소 대표이사

"우와, 차 색상이 변하네? 이런 것까지 신경 쓰는구나!"

"왜? 차 색깔이 달라?"

"응, 아까는 검정색이었는데, 지금 오는 우버Uber는 흰색이라서 아이콘도 흰색으로 변했어. 한국에서는 캐릭터로만 보여주는데."

내 친구가 대만 타이베이 닝샤 야시장 골목 끝자락에 있는 스타벅스 앞에 서서, 우버를 통해 차를 부른 후 신나게 말했다. 차량 번호와 종류만 보여주는 게 아니라, 지도상의 차량을 나타내는 아이콘의 색상조차 실제 자동차의 것과 똑같이 반영되어 있었다.

'이런 것까지 신경 쓰는구나!'

친구는 우버라는 서비스를 사용하는 그 순간, 감동을 느꼈던 것이다.

단순히 요청한 차량을 신속하게 보내주는 것에서 멈추지 않고, 사용자가 차량을 조금이라도 더 잘 인식할 수 있도록 색상까지 바꿔준 그 섬세함에 놀라움과 고마움, 그리고 즐거움을 동시에 느꼈다.

감동을 느끼는 순간, 그 서비스는 고객의 기억에 깊이 새겨진다. 우버는 고객이 필요하다고 느끼기도 전에 이미 편리함을 제공했다. 그리고 그 고객은 곧바로 다른 서비스와 비교까지 해보며, 우버가 서비스를 얼마나 잘 개발했는지 체감했다. 닝샤 야시장 근처에서 흰색 우버 차량에 올라타기도 전에 먼저 감동을 받은 친구는, 목적지까지 이동하며 우버 앱을 계속 들여다봤다.

이런 감동은 어떻게 일어나게 됐을까? 누가 지도상에 보이는 차량 아이콘의 색상을 실제와 동일하게 매번 바꿔줘야 한다고 결정했을까? 경험하기 전에는 필요하다고 생각지도 않았던 기능인데, 왜 제공했을까?

이런 서비스는 프로덕트의 좋은 사례다. 무형이지만, 경험을 통해 많은 가치를 제공하는 수많은 서비스는 프로덕트로 불린다. 유형의 제품이 공장에서 생산되어 고객에게 도달하듯이, 무형의 프로덕트도 누군가의 머릿속에서 그려져 우리 손에 쥐어진 스마트폰이나 책상 위의 컴퓨터에 설치된다.

이 세상에는 다양한 프로덕트가 존재한다. 지구 반대편의 토크쇼 영상을 침대에 누워 볼 수 있게 해준 유튜브, 친한 모든 이들과 이모티콘을 주고받으며 대화를 나누게 해준 카카오톡, 여러 사람의 사진과 동영상을 제공하는 것은 물론 검색 엔진의 자리까지 넘보는 인스타그램, 송금이 필요할 때 공인인증서를 사용할 필요 없이 순식간에 돈을 보내주는 토스, 원하는 상품을 자정까지 주문하면 새벽에 문앞에서 받아볼 수 있게 해주는 쿠팡까지.

가장 사랑받는 프로덕트는 고객에게 감동을 준다. 그리고 그렇게 고객에게 감동을 제공하려고 집착하듯이 고민을 거듭하는 사람들이 프로덕트 오너Product Owner, PO다.

'미니 CEO'라는 별명을 가진 프로덕트 오너는, 말 그대로 하나의 프로덕트에 대한 책임을 지고 기획, 분석, 디자인, 개발, 테스트, 출시, 운영까지 주도하는 사람이다. 우버 앱의 지도상에서 차량 아이콘 색을 실제 차량과 동일하게 만들어야겠다고 결정하고 반영한 사람도 프로덕트 오너였을 것이다.

—

"쿠팡 상품평은 조작하거나 지우지 않는 것 같아서 좋더라고요. 실제 정보, 제품 정보, 진짜 글. 바로 보이게 해놓아서 좋아요."
"저도 쿠팡 상품평은 구매할 때마다 봅니다. 리얼해요."
"맞아요, 어디든 안 좋은 말이 적힌 상품평 보면 다들 주문한 거구나 싶어요."

내가 프로덕트 오너로서 가장 자랑스러워하는 프로덕트는 쿠팡의 상품평이다. 쿠팡 상품평에 대해 검색해보면 실제로 고객들의 칭찬을 쉽게 찾을 수 있다.

수만 개 남짓, 글 대신 별점으로만 가득했던 상품평 서비스를, 불과 9개월 만에 실제 고객이 정성스럽게 작성한 수천만 개 양질의 상품평으로 가득 채웠다. 상품평을 작성한 대가로 고객에게 돌아가는 금전적인 혜택은 전혀 없었다. 하지만 상품평을 적고 싶어 하는 고객과, 읽고 싶어 하는 고객 모두가 필요로 하는 경험을 끊임없이 개선시켜서 자발적으로 기여할 수 있는 환경을 조성했다. 그리고 보이지 않는 곳에서는 고도의 알고리즘을 다양하게 고안하여, 실제 구매자가 작성하고 다른 고객에게 도움이 되는 진솔한 상품평만 노출되도록 했다.

'과연 이 상품이 나랑 맞을까? 만족스러울까?'

누구나 무언가를 구매할 때 이런 질문을 하게 된다. 나는 이에 대한 진실된 해답을 고객이 쉽게 얻을 수 있도록 도움을 주는 프로덕트를 만들고 싶었다.

나는 고등학교 때부터 창업에 도전하며 다양한 프로덕트를 만들어왔다. 쿠팡에서는 아마존, 오라클, 구글 등의 해외 유명 글로벌 기업 출신 동료 덕분에 OKR과 같은 방식을 자연스럽게 체득할 수 있었다. 그러던 중에 2017년, 〈포브스〉지가 발표한 '아시아 30세 이하 30인30 Under 30 Asia'에 선정되었다. 전 세계적으로 유망한 인재를 발굴하기 때문에 주로 유명한 가수 또는 운동 선수가 선정되는데, PO로서 선정되는 영예를 얻게 되었다.

그 후 전 세계 상위 10위권 거래 규모의 암호화폐 거래소 코빗에 입사해 모바일 앱 및 웹 플랫폼 프로덕트를 개선했으며, 다시 쿠팡으로 돌아온 뒤로는 물류와 로켓배송 부문의 개발 및 데이터 사이언스 조직을 담당하는 PO가 되었다.

로켓배송이 이뤄지려면 여러 절차를 거쳐야 한다. 상품은 판매자의 공장을 떠나 물류센터로 입고되고, 고객이 주문하면 물류센터에서 집하된다. 그 상품은 적절하게 포장되고, 허브를 거쳐 전국 각 지역으로 간선을 통해 이동된다. 각 지역에 도착한 상품은 쿠팡맨이 신속하게 배송한다.

나는 상품이 판매자의 공장을 떠나 고객의 손에 들어갈 때까지, 다양한 영역에서 사용되는 수많은 프로덕트와 알고리즘을 책임진다. 고객이 직접 사용하는 앱과 웹사이트는 물론, 눈에 안 보이는 곳에서 운영이 자동화되어 이뤄질 수 있도록 알고리즘을 고안하는 것까지, 그간 다양한 시도를 해보며 어떻게 해야 올바른 프로덕트를 만들 수 있는지 배웠다.

'도대체 어떻게 자정 직전에 주문한 상품이 오전 7시 전에 집에 도착했을까?'

수많은 고객이 매일 이런 질문을 하며 감탄한다. 나는 이처럼 고객의 감동을 이끌어낼 수 있는 좋은 프로덕트를 만드는 데 매 순간 몰두해왔다. 그리고 그 과정을 통해 터득한 방법을 나누고자 한다.

이 책에서 나는 최고의 프로덕트를 만들어서 고객에게 감동을 주는 방법을 체계적으로 설명하려고 최선을 다했다. 일을 하는 사람이면 누구나 이해할 수 있는 단어를 사용하고자 했다. 체계적인 것은 비교적 쉽게 따라 할 수 있기 때문이다. 이 책에 제시된 사례와 방법, 원칙을 통해 수많은 프로덕트가 탄생하길 진심으로 바란다.

우리 주변 곳곳에서 디지털화는 가속화되고 있다. 몇 년 전과 비교해보면, 음식을 주문하는 방식이 바뀌었고, 은행 업무를 보는 방법도 변했으며, 장을 보는 습관도 달라졌다. 우리의 삶은 다양한 프로덕트 덕분에 개선되고 있다. 앞으로는 인공지능, 머신러닝 등의 기술을 통해 눈에 안 보이는 곳에서 프로덕트가 우리를 더 편한 삶으로 이끌어줄 것이다. 그때 진정으로 고객 입장에서 고안된 올바른 프로덕트만 우리 곁에 남길 희망한다.

내 친구가 우버를 사용하며 먼 타지에서 감동을 느꼈듯이, 이 책을 읽은 누군가가 만든 서비스를 통해 전 세계 수많은 고객이 더 큰 감동을 느끼는 상상을 해본다.

2020년 3월

프로덕트 오너 김성한

1장

프로덕트 오너 PO는
미니 CEO다

PO는 중심에 있다

"스티븐, 충고 하나 해도 될까?"

평소 사려깊은 조언을 해주곤 하던 외국인 상사가 매주 진행되었던 면담이 시작되자마자 입을 열었다. 늘 매서운 눈빛으로 모든 걸 간파하는 그가 충고라는 단어를 쓰는 경우는 드물었기에, 순간 긴장이 되었다.

"네가 보낸 이메일을 봤어. 어떤 의미인지는 알겠지만, 앞으로는 직접 당사자를 찾아가서 말로 하도록 해. 글로 적으니까 나한테까지 전달됐잖아."

"어떤 이메일을 말씀하시는 건가요?"

"버튼 모양과 색상에 대해 다른 팀 디자이너와 논쟁하던 이메일 말

이야."

쿠팡 앱에 노출되는 버튼 한 개에 대한 논란이 있었다. 우리 팀은 테스트 결과가 긍정적이라서 예정대로 노출시켰는데, 다른 조직에서 모양과 색상이 기준에 맞지 않는다며 반대 의사를 전했다. 나는 프로덕트의 처음부터 끝까지 책임지는 PO(프로덕트 오너)로서 테스트 결과를 공유하고, 상대방에게 버튼을 제거해야 하는 이유를 구체적인 근거를 들어 제시해달라고 요청했다. 그런데 어느 날 상사에게 그 이메일이 전달된 것이다.

"스티븐, PO는 중심에 있어."

그는 나의 눈을 지긋이 바라보며 이어서 말했다. 미소를 거의 띠지 않는 그였지만, 나에게 진심 어린 메시지를 전할 때는 목소리가 따뜻해졌다.

"PO는 모든 사람이 지켜보는 존재야. 개발자, 디자이너, 비즈니스 애널리스트 등은 물론, 회사 내·외부 고객과 사업부, 심지어 나 같은 경영진까지 지켜보고 있어."

당연하게 여겼던 사실이었지만, 직접 그렇게 조목조목 말해주니 정신이 번쩍 들었다.

"스티븐, 네 팀의 결과물을 보호하기 위해 데이터를 제공하는 건 이해했어. 그런데 많은 사람이 볼 수 있는 이메일에서 PO가 방어적인 태도를 보이면 모두가 그것을 느낄 수 있으니까 주의해야 해. 게다가 이메일은 전파하기 쉬워서 나한테까지 오잖아."

"네, 이해했습니다. 앞으로는 이메일을 적기 전에 재고하고 직접 상대방과 대화를 나눠보도록 하겠습니다."

"그래, 명심해. PO는 중심에 있어. 모두가 보고 있단 말이지. 절대로 감정을 공개적으로 보이지 마."

그가 마지막으로 던진 그 말은 순간적으로 뇌리에 박혔다. 감정을 보이지 말라니.

프로덕트 오너Product Owner, 즉 PO는 특정 서비스에 대한 책임을 지는 자다. 아마존, 구글, 페이스북, 넷플릭스, 쿠팡, 카카오톡, 토스 등 우리가 자주 접하는 서비스는 PO 같은 프로덕트 책임자를 통해 개발 방향성이 정해진다. 쉽게 말해, 스마트폰 안에서 사용되는 모든 앱은 프로덕트고, 그걸 책임지는 사람이 PO다.

PO는 실질적으로 고객이 무엇을 필요로 하는지 끊임없이 분석하고, 선보이려는 서비스가 사업 목표와 부합하는지 검증한다. 그리고 개발자나 디자이너 같은 메이커Maker와 새로운 기능을 만들거나 기존 서비스를 개선한다. 그래서 PO는 늘 수많은 사람들과 만나고, 질문에 대답하고, 결정을 내려줘야 한다.

큰 틀에서 PO는 고객과 회사가 각각 필요로 하고 추구하는 목적 사이에서 최적의 개발 방향성을 설정한다.

수많은 고객이 사용하는 서비스를 바라보는 시각은 그만큼이나 다양

하다. 각각의 고객이 느끼는 경험은 조금씩 차이 날 수 있고, 그래서 전해지는 의견도 천차만별인 경우가 많다. 어떤 고객은 무조건 배송을 빨리 받길 원하고, 어떤 고객은 시간에 구애받지 않는다. 어떤 고객은 암호화폐 거래소에서 거래가 즉각 일어나길 바라고, 어떤 고객은 고액의 거래가 이뤄지기 전 한 번 더 검토할 시간을 중요하게 여긴다.

극단적으로 전혀 다른 경험을 원하는 고객 집단이 하나로 모여 있을 때, 과연 회사는 누구의 의견을 수렴해줘야 할까? 배송을 모두에게 최대한 빨리 해줘야 하나? 아니면 특정 고객에게는 나중에 받을 수 있도록 해줘야 하나? 그렇게 이분화했을 때 회사가 감수해야 하는 금전적 또는 기회비용은 없을까? 그리고 과연 거래가 순식간에 이뤄지도록 개선해야 할까, 아니면 조금이라도 더 검토할 수 있도록 추가로 확인해줘야 할까?

PO는 이런 상황에서 고객을 대신해서 고민한다. 고객이 요구하는 사항을 모두 경청하고, 그중에서 우선순위를 정한다. 현실적으로 모든 고객의 의견을 다 반영해줄 수는 없기 때문이다. 개발 자원과 시간이 한정적인데, 특이사항 하나까지도 다 개발하다가는 제품의 방향성과 정체성이 모호해진다. 우선순위를 정했으면, 그게 회사가 추구하는 사업 목적과 부합하는지도 확인하라. 예를 들어, 거래소는 무조건 거래 체결 속도가 경쟁자보다 빠르다는 강점을 내세우고자 하는데, 몇몇 고객 때문에 속도를 낮추거나 불필요한 절차를 더하면 회사의 목적과는 다른 방향으로 발현된다.

고객이 요구하는 사항이 명확하거나, 회사가 정한 목적 또한 확실하다면 PO의 업무는 비교적 쉬워진다. 하지만 과연 고객이 불편함을 느낄 때마다 개선 의견을 회사에 전달할까? 매우 불편한 경험이 아니었다면 묵인하는 경우가 상당할 것이다. 그리고 회사가 늘 단기·중장기적 목표를 설정하고 있을까? 그렇지 못한 회사도 많고, 업계나 시장 상황에 따라 전략을 어떻게 바꿔야 하는지 잘 파악하지 못하는 경우도 발생한다.

PO는 이런 불확실함 속에서 진실을 간파하는 통찰력을 지녀야 한다. 고객이 불편을 호소하지 않는다면, 그 서비스는 과연 정말 완벽한 것일까? 고객의 행동으로 인해 기록되는 광범위한 데이터 속에서, 침묵 속에 가려진 문제가 무엇인지 직접 찾아야 할 수도 있다.

회사가 갑자기 중장기적 목표를 바꾼다면, 서비스의 개선 방향성을 한순간에 변경할 수 있는 환경인지 면밀히 고민하라. PO는 실제로 일어나지도 않은 변화에 대해 최대한 수월하게 대응하기 위해 신경 쓰고 미리 준비해야 한다.

고객과 회사 사이에서 고민한 후 우선순위를 결정했다고 해서 임무가 끝나는 건 아니다. 개선된 서비스가 고객에게 전해질 때까지 다양한 분야의 사람들과 소통해야 한다. 기술적으로 개발 가능한지, 디자인 관점에서 타당한지 등을 확인하기 위해 메이커들과 소통한다. 그리고 사업적인 관점에서 비용에 대한 고민도 함께한다. 운영단에서 불편함은 없는지, 새로운 기능에 대한 고객 문의는 어떻게 대답해야 하는지도 협업을 통해 정한다. 그리고 혹시 모를 법률적 문제를 미연에 방지하기 위해 법률팀의 검토도 받는다.

결론이 바로 내려지는 경우는 드물다. 그래서 PO는 언제나 회사 내부에서도 귀 기울이며 모두가 동의하는 결정이 내려질 때까지 대화를 이어간다. 반대하는 입장에 부딪혀도 데이터에 기반한 근거를 제시하며 설득하도록 한다. 만약 PO가 명백하게 틀렸다면, 바로 수긍한다. 그렇게 결정이 내려지고 개발되어 고객에게 더 나은 경험을 선보일 때까지, PO는 경청하고 최선의 결정을 내려야 할 책임이 있다.

"그때 조언해주신 덕분에 감정을 보이지 않는 방법을 조금씩 터득해가는 것 같아요."

몇 년이 지나 상사였던 그분께 안부 이메일을 보냈다. 그 조언을 들은 이후로 나는 커피 같은 카페인 음료를 완전히 끊었고, 그렇게 좋아하던 초콜릿도 거의 먹지 않는다. 이미 금주하던 상황에서 자극이 될 만한 다른 것들까지 멀리하게 되었다. 야근을 하더라도 매일 저녁 늦게까지 유산소 운동을 하고, 명상과 스트레칭도 꾸준히 한다. 나의 몸과 마음이 언제나 안정적이길 바라기 때문이다.

상당히 극단적인 선택이었을 수도 있지만, 그러다 보니 자극에 반응하지 않고 최대한 평온하게 모든 정보를 인식하기 시작했다. 반대 의견이 있어도 차분히 들은 후 설득하고, 함께 일하는 개발자들에게도 언제나 긍정적인 모습을 보이려고 한다. 그들은 나의 언행에 많은 영향을 받기 때문에, 감정이 내비쳐질 만한 단어는 애초에 배제하고 소통한다.

앞으로 이어질 장에서는 PO가 구체적으로 어떤 원칙을 통해 결정을 내리는지 상세히 설명하겠지만, PO가 중심적인 역할을 하는 사람이라는 점은 꼭 기억하기 바란다. 감정과 직관에 치우치지 않고, 사실을 기반으로 모두를 위한 최선의 우선순위와 결정을 내려야 할 책임이 있기 때문이다.

독재자형 리더는 안 된다

거물급 기업 인수자가 되려던 시대는 지났다. 이제 MBA 졸업생들은
새로운 직업을 꿈에 그린다: 프로덕트 매니저다.[1]

2016년 3월 2일자 〈월스트리트 저널〉은 하버드 비즈니스 스쿨, 코
넬 존슨 경영 학교, 노스웨스턴 켈로그 스쿨 등 최상급 경영 학교들이
프로덕트 매니저를 배출해내기 위해 새로운 학과 과정이나 프로그램을

---

1. 겔멘, 린지. 〈월스트리트 저널〉. 03/02/2016. "Coveted Job Title for M.B.A.s: Product Manager."
   https://www.wsj.com/articles/coveted-job-title-for-m-b-a-s-product-manager-1456933303
2. 프로덕트 매니저(PM, Product Manager)와 PO는 넓게 보면 동일 직무라고 볼 수 있고, PO는 애자
   일 개발 방법인 스크럼에 존재하는 타이틀이므로, 편의를 위해 본서에서는 이 둘을 동시에 사용하
   겠다.

신설 중이라고 밝혔다.[2] 이와 함께 톰 아이젠만 하버드 비즈니스 스쿨 교수의 말을 빌려 프로덕트 매니저가 무슨 일을 하는지 간결하게 설명했다. 음식 배달 서비스인 우버 이츠나 아마존 프라임의 동영상 스트리밍 서비스와 같은 프로덕트를 이끄는 것은, 실제로 무언가를 손으로 만들어내는 과정에 사업 전략을 접목하는 것이라고 표현했다.

프로덕트 매니저는 시장 조사를 하고, 프로토타입을 만들고, 실험하고, 디자인 또는 개발 자원과 협업하고, 최종 제품을 고객에게 선보여야 한다. 신입 프로덕트 매니저는 십만 달러대의 연봉을 기대할 수 있다.

기사에서 언급한 연봉은 현실적이다. 연봉 데이터를 분석하는 업체 글래스도어가 제공한 정보에 따르면, 2019년도 미국 프로덕트 매니저의 기본 연봉은 평균 $133,886(약 1억 6천만 원)이다. 경력이 쌓여 진급할 경우 20만 달러 이상(약 2억 4천만 원)의 기본 연봉을 받을 수 있다. 만일 미국 전역이 아니라, IT 기업이 밀집해 있는 캘리포니아 주만 대상으로 할 경우 연봉은 더 높아진다.

그래서인지 2017년 하버드 비즈니스 스쿨을 졸업한 MBA 학위자들 중 8%가 프로덕트 매니저가 되었고, 이듬해인 2018년에는 두 배에 달하는 학생이 해당 직무를 택했다. 그들의 상위 25%는 $145,000(약 1억 7,500만 원)의 기본 연봉을 제시받았고, 대다수가 약 $27,500(3,300만 원) 정도의 입사 보너스를 챙겼다. 여기에 주식 매입 선택권인 스톡 옵션까지 부여받았다면 연간 총 보수액은 더 늘어난다.

이렇게 높은 대우를 받는 데는 이유가 있다. 텍사스 주립대 오스틴 캠퍼스의 맥콤 경영 학교 경력 개발 담당자인 자넷 후앙은, "거의 모든 업계가 기술 기반으로 변화하고 있다. 시장에 기술을 도입하려면, 그걸 할 수 있는 사람들이 필요하다"고 밝혔다.[3]

고객이 사용할 개발물로 구현해주는 프로덕트 매니저와 더불어, 새로운 프로덕트를 만들거나, 기존 프로덕트를 전담으로 책임지고 개선시켜주며, 고객의 소리를 들어주는 것이 PO다.

국내에는 PO가 아직 많지 않고 공개적으로 수집된 정보가 부족해 PO의 평균 연봉을 알 수는 없다. 검증된 PO는 해외와 비슷한 수준의 대우를 받는 것 같지만, 아직 보편화되지 않은 직군인 만큼 회사마다 정책이 달라 명확한 시장가를 책정하기는 어려운 실정이다.

구글의 프로덕트 매니저로 활약한 후 구글의 벤처 투자 회사인 GV의 파트너가 된 켄 노튼은 "장기적으로 봤을 때, 프로덕트 매니징을 잘하면, 이기고 지는 상황에서 승자가 될 수 있다"고 말했다.[4] 그 기대치 때문인지, 꽤 많은 국내외 회사가 PO 직무를 설명할 때 미니 CEO라고 말한다.

혹하는 별칭에다가 상대적으로 높은 보수까지 챙겨주니, PO가 CEO처럼 결단을 내리는 사람이라고 착각을 부르기 쉽다. 하지만 현실은 그

3. 코닉, 레베카. US News. 03/12/2019. "5 Hot Jobs for MBA Graduates." https://www.usnews.com/education/best-graduate-schools/top-business-schools/articles/hot-jobs-for-mba-graduates

4. 노튼, 켄. 06/14/2005. "How to Hire a Product Manager." https://www.kennorton.com/essays/productmanager.html

렇지 않다.

"저는 성격이 안 좋아요. 화를 낼 때도 많고, 개발자랑 싸울 때도 있어요."

예전 동료였던 PO가 고충이 있다면서 조용히 털어놓았다. 그는 언성을 높이기도 하고, 가끔은 막무가내로 개발팀에게 일을 시킨다고도 했다.

PO는 최대한 신속하게 고객과 회사에 도움이 되는 경험을 제공하려다 보니 시간에 쫓기는 경우가 잦다. 특히 회사 내부에서 급하게 결정된 사안을 하루 빨리 도입하기 위한 압박은 타의 추종을 불허한다. 하지만 함께 협업하는 다른 직무의 직원들은 그런 상황을 이해 못 할 수도 있다. 다른 업무를 하는 중이라 일정을 맞추기 어려운 경우도 빈번하다. 그러면 PO가 설득을 해야 하는데, 압박 때문에 자신의 권한인 것마냥 일방적으로 결정을 내리고 통보하는 경우가 있다.

PO는 독재자처럼 군림해서는 안 된다. 디자이너나 개발자에게 "이거 중요하니까 빨리 해주세요"라고 말하기는 쉽다. 하지만 아무리 급해도 결정을 일방적으로 통보하는 태도로 임한다면, 장기적으로 다른 이들에게 존중받기 어렵다. 왜 우선순위가 급하게 변경되었는지, 무엇을 이루고자 하는지를 당연히 알려줘야 한다. 만약 이미 진행 중인 개발물이 있을 경우, 그것을 우선순위에서 하향 조정할지도 결정해줘야 한다. PO는 최대한 많은 맥락을 설명해줘야 한다.

분명 지난주에 PO가 "이걸 꼭 다음 주까지 해야 해요"라고 말해서 계획을 짜고 개발에 착수했는데, 갑자기 며칠 지나 "아니, 이제는 저게 중요하니까 저걸 빨리 해주세요"라고만 말하면 어떻겠는가? 협업하는 입장에서는 스트레스를 받을 수밖에 없다. 하지만 PO는 주어진 책임감과 보수 때문에, 남들보다 위에서 결정을 내리는 사람이라고 스스로 착각하기 쉽다.

다음 장에서 더 상세히 설명하겠지만, PO는 절대로 군림하는 존재가 아니다. 사실, CEO보다 '미니 CEO'로 불리는 PO가 하는 일이 더 어려울 수도 있다. 왜냐하면 주어진 권한이 전혀 없기 때문이다. 그래서 PO는 늘 명확한 사실과 데이터를 가지고 설득해야 한다.

> 잘 이행된 프로덕트 관리는 회사와 제품을 향상시키기 때문에 가장 중요한 기능이 될 수 있지만, 제대로 하지 않았을 경우 회사와 팀에 엄청난 해를 끼칠 수도 있다.[5]

페이스북, 트위터 등에서 프로덕트 매니저로 경력을 쌓은 후, 유명 벤처 투자 펀드인 그레이록의 파트너로 재임 중인 조시 엘먼은 이렇게 밝혔다. 그가 말했듯이, PO가 자신의 임무와 책임이 무엇인지 잘 이해하지 못하고 군림하면 팀은 무너질 수밖에 없다.

"내가 아마존에 있었을 땐 말이지, 프로덕트를 고객에게 선보이기 위해 무슨 일이든 했어. 개발자가 세탁물을 가지러 가야 한다? 그럼 내

---

5. 엘먼, 조시. "Let's talk about Product Management." 10/27/2015. https://news.greylock.com/let-s-talk-about-product-management-d7bc5606e0c4

가 대신 가준다고 했지."

쿠팡으로 이직 온 외국인 PO 한 명이 이렇게 익살스럽게 이야기한 적이 있다. 실제로 세탁물을 대신 찾아줬는지는 모르겠지만, 비현실적이라고 느껴지지는 않았다. PO는 자신이 정한 계획을 다른 이에게 강요하는 대신, 어떻게 하면 함께 결과물을 효율적으로 도출할 수 있을지 고민해야 하기 때문이다. 세탁물을 대신 가져다줘서 개발자가 업무에 집중할 수 있다면, 나는 충분히 그렇게 해줄 마음이 있다.

"너희 팀 개발자가 최근 아침 스크럼 회의 때 시무룩해 보였어. 참여도 잘 안 하는 것 같고. 무슨 일이 있는지 알아봐 줄 수 있어?"

"그래, 스티븐. 안 그래도 그 개발자랑 내일 정기 면담이 있는 날이야."

"만약 최근에 하는 업무가 흥미롭지 않다거나, 우리가 하는 업무가 고객에게 어떤 영향을 끼치는지 잘 모르겠다고 하면 꼭 알려줘. 내가 할 수 있는 선에서 최대한 다시 설명해주고 동기를 부여해볼게."

나는 늘 협업하는 개발자나 데이터 과학자의 상태를 살펴본다. 지금은 함께 일하는 개발 조직이 국외 사무실에 있기 때문에 거의 대부분 화상 회의로만 만나지만, 생각보다 상대편의 심리 상태를 쉽게 감지할 수 있다.

안 좋은 상황을 방치하면, 고객에게 전하려고 하는 경험을 선보이는 과정이 점차 악영향을 받게 된다. 최악의 경우 협업하던 개발자가 퇴사할 수도 있기 때문에, 언제나 세심한 관심을 기울여야 한다. 같은 이유로 메이커들을 관리해주는 매니저에게는 내가 어떤 도움을 줄 수 있는지 물어본다.

PO는 동료들이 자신의 직무에 집중할 수 있도록 부수적인 일들도 도맡아 한다. 다른 회의에서 나온 내용을 정리해서 보내주거나, 주고받은 내용을 번역해주거나, 고객과 나눈 대화를 설명해주거나, 심지어 회의를 소집할 때 그들이 가장 편하게 여길 회의실로 예약을 잡아주기도 한다.

> "프로젝트 매니저를 떠올리면 '비전'이나 '프로덕트의 CEO' 같은 단어들이 학생들 사이에서 거론되곤 하지만, 현실은 관리 업무도 함께해야 해요. 마치 과하게 미화된 스태프 같기도 하죠."

2013년 하버드 비즈니스 스쿨을 졸업하고 구글에서 프로덕트 매니저로 근무하는 프렘 라마스와미가 〈월스트리트 저널〉에서 했던 말이다. 외부의 시선만큼 프로덕트 매니저의 일이 영예롭지 않다는 뜻을 내비친 것이다.

PO는 누군가에게 결정을 통보하고, 실행하는 CEO가 아니다. 오히려 그 누구보다 더 저자세로 임하고, 경청하며, 사실만을 토대로 설득을 거듭하는 고독한 자에 가깝다.

책임은 있지만 권한은 없다

"스티븐! 지금 레이아웃이 이상하게 뜹니다!"

야근과 운동까지 마치고 자정이 훌쩍 넘은 시각, 귀가하여 잠시 휴식을 취하려던 차에 다급한 전화가 걸려왔다. 동시에 슬랙(기업들이 사내에서 사용하는 메신저 중 하나) 알림이 정신없이 울렸다. 현장 곳곳에 영향을 끼치는 문제가 터진 게 분명했다.

쿠팡에 처음 입사할 당시에는 고객이 사용하는 모바일과 PC 서비스의 PO로 활동했다. 몇 명의 열성 고객을 제외하고는 직접 나에게 전화하는 고객은 아무도 없었다. 고충을 들어주는 전담 고객센터가 있기 때문이다. 이후 암호화폐 거래소인 코빗으로 이직한 뒤에는 전 세계 곳곳에서 접속하여 거래하는 트레이더들의 특성상 시시때때로 신경을 곤두

세워야 했다. 하지만 24시간 가동되는 고객센터로 문의가 접수됐기 때문에 코빗에서도 직접 고객의 고충을 처리하는 경우는 드물었다.

그러나 다시 쿠팡으로 돌아온 뒤 상황은 전혀 달라졌다. 나의 주된 고객은 회사 내부에 존재했고, 그들은 의문점 또는 문제가 발생하면 곧바로 PO인 나에게 연락했다. 오후 내내 몇 분마다 전화를 받은 적은 다반사였다.

"안녕하세요. 잠시만 기다려주시겠어요? 확인 먼저 해보고 다시 연락드리겠습니다."

"네, 빨리 확인 부탁드립니다!"

PO로서 긴급한 상황에 대처해야 했던 적은 수도 없이 많았기에 익숙해질 만도 했다. 하지만 늘 문제가 발생하면 긴장하곤 했다. 내가 실수한 게 아닌데도, 직접 책임지는 서비스 때문에 사용자가 불편을 느낀다고 하면 미안함이 가슴 깊숙한 곳에서 솟구쳤다.

'제발 연락 좀 받아줘. 왜 온라인 상태가 아닌 거야…'

데이터 과학자가 직접 원인을 파악해줘야 했다. 나와 함께 일하는 기술자들은 모두 국외 사무실에 있으니, 이럴 땐 더더욱 멀게만 느껴졌다.

"저녁에 깨워서 미안해요. 오늘 야간 대응을 담당하는 개발자에게 연락 좀 취해주겠어요?"

"스티븐이에요? 알았어요. 잠깐만요."

중국에 있는 개발 매니저에게 전화를 걸었다. 숙면을 취하다 깬 것 같았지만, 당장 다른 팀원에게 연락하겠다고 대답했다.

안녕하세요, PO 스티븐입니다. 현재 팀에서 원인 확인 중입니다. 수시로 상황을 업데이트하겠습니다. 불편을 끼쳐드려 죄송합니다.

현장의 모든 사용자가 볼 수 있는 메신저 채널에 메시지를 남겼다. 그들이 모두 얼마나 애타게 기다리고 있을지 잘 알기 때문에, 나의 마음은 더 빠르게 타들어갔다. 외부 고객이든 내부 직원이든, 서비스 사용자라면 고객이라는 생각이 깊게 자리 잡고 있었다. 고객의 신뢰를 잃는 게 극도로 싫어서 빨리 해결하고 싶었다.

"ETA(완료 예정 시간)는 언제예요? 현장에서는 여유 시간이 20분밖에 안 남았어요."

"지금 보고 있어요."

고객에게 언제 해결될지 알려주고 싶은 마음과, 일 초라도 빨리 고칠 수 있도록 개발자의 집중력을 흐트리고 싶지 않은 마음. 이 두 가지가 충돌했다. 고심 끝에 물어봤지만, 나에게 돌아온 답변은 시간이 아니었다. 평정심을 유지하기 위해 잠시 숨을 깊이 내쉬고 고객에게 안내했다.

팀에서 원인 파악 중입니다. 5분 내로 해결하지 못할 경우 이전 버전으로 원상복구하겠습니다. 잠시만 기다려주세요.

다시 공지를 하고 개발팀에 물어봤지만, 시간을 알려주기는 어렵다는 답변만 받았다. 그들도 마음이 초조했겠지만, 나는 PO로서 모두를 위해 결정을 내려야만 했다.

"이전 버전으로 롤백Rollback(안정적이었던 버전으로 되돌리는 것)해줄래요? 일단 현장에서 사용 가능하게 하고 원인을 찾도록 하지요. 장애 사실을 기록하게 티켓을 생성해주면 고맙겠어요."

더 이상 시간을 낭비하는 것은 무의미할 것 같아 팀원에게 부탁했다. 장애로 분류하고, 원인을 파악한 다음, 회의를 소집해 재발하지 않을 방법 등을 강구해야 했다.

원상복구했습니다. 새로고침 후 사용해주시기 바랍니다. 재발하지 않도록 주의하겠습니다. 다시 한 번 불편을 끼쳐드려 죄송합니다.

최종적으로 안내한 후, 중국에 있는 팀원들과 원인을 파악하기 시작했다. 일단 현장에서 문제 없이 사용할 수 있고, 물건을 구매한 수많은 고객에게 안정적인 경험(서비스)을 제공할 수 있다는 사실에 잠시 안도했다.

"스티븐, 미안해요. 오늘 알고리즘의 일부분을 고쳤는데, 특정 상황을 고려하지 않아 그 부분의 테스트를 못 했어요. 내일 고쳐서 다시 적용할게요."

"아니에요, 원인을 찾았으니까 다음부터는 반복되지 않도록 테스트 케이스 하나를 더 추가하죠. 오전 회의 때 더 논의하도록 할까요? 늦은 저녁에 도움 줘서 고마워요."

시간이 흘러 새벽 3시가 지나던 시점, 기술자 한 명이 미안하다며 메시지를 보냈다. 이런 상황을 자주 겪어서 해탈의 경지에 오른 건지는 모르겠지만, 나는 전혀 언짢지 않았다. 감정적으로 대처해봐야 그 누구에게도 이득 될 게 없다는 걸 터득한 덕분이다. 우리의 목적은 직·간접적으로 영향받는 고객 모두가 최상의 경험을 얻는 것이기 때문에, 왈가왈부할 필요가 없었다. 그리고 기술자들은 또 얼마나 긴장했을까. 이번 기회를 통해 배워서 다시 재발하지 않으면 된다고 생각했다.

'미니 CEO'라는 별칭과는 달리, PO는 권한이 거의 없다. 특히 인사 권한은 아예 없다고 봐야 한다. 다른 PO를 직접 관리하는 경우가 드물기도 하고, 대부분의 PO는 개인 공헌자IC, Individual Contributor로 커리어를 쌓아간다. 누군가를 관리하지 않고 자신이 잘하는 업무에 집중할 수 있다는 점은 매력적이지만, 휘두를 수 있는 지팡이는 없다.

직무와 상관없이, 인사 권한이 있는 관리자들은 직속 부하 직원에게 승진이나 연봉 인상 등의 당근을 주거나, 해고라는 채찍도 사용할 수 있다. CEO에게는 그런 인사 권한이 있다. 직원이 실수를 거듭하거나, 회사에 악영향을 끼치거나, 고객에 피해를 끼치는 경우 적절한 대응을 할 수 있다.

하지만 PO에게는 그런 권한이 없다. 야밤에 에러가 생기면 PO에게 제일 먼저 연락이 오고, 책임감 때문에 새벽까지 뜬눈으로 긴장하지만, 실제 원인을 제공한 자에게 책임을 물을 수 없다.

CEO처럼 인사 권한이 있는 관리자는 일을 지시할 수도 있다. 자신의 지위를 적절히 활용하여 원하는 방향으로 다른 이들이 결과물을 도출하도록 압박할 수 있다. 대놓고 지시하지 않아도 직원들이 눈치를 보기 때문에, 그 우위가 주는 편리함은 상당하다.

그런데 PO는 그렇게 지시할 수 없다. 늘 설득의 연속이다. 최대한 구체적인 사실을 서술하거나 설명해주는 것이 PO의 역할이다. 그리고 자신의 실력을 끊임없이 증명하면서 다른 이들에게 존중받아야 한다. 단기간에 이들의 마음을 얻는 것은 매우 힘들지만, PO는 책임감 있는 모습을 보여주면서 함께 일하는 동료들과 고객이 존중하는 사람이 되려고 노력한다. 그리고 그들에게 "이런 방향으로 나가고자 하니, 이번에는 이걸 개발해보면 어떨까?"라며 의견도 물어봐야 한다.

그래서 나는 지시처럼 들리는 어휘 대신 질문을 자주 사용한다. "당장 롤백해주세요"가 아니라, "이전 버전으로 롤백해주시겠어요?"라고 물어본 후, 이유까지 바로 설명해준다. 현장에서 일단 사용할 수 있도록 대처하고, 원인은 나중에 함께 찾자고 덧붙이면서.

만약 PO에게 권한이 많다면, 유대 관계는 매우 다른 양상을 띨 것이다. 오히려 건강한 관계를 유지하기에는 PO에게 권한이 없는 편이 낫다. 다른 이들에게 일방적으로 지시하기보다는, 더 효율적으로 협업하기 위한 방법을 찾을 수 있기 때문이다.

문제가 발생하면 PO에게 질문과 눈길이 쏠리지만, 큰 성공을 거두면 PO는 함께 이룬 동료들에게 공을 돌린다. 그들이 직접 두 손으로 만든 서비스이기 때문이다. 부여된 책임감은 많지만, 권한이 없는 PO는 언제나 겸손해야 한다.

고객에 집착하고 또 집착하라

"내년 이맘때 코빗이 어떤 서비스를 제공하길 바라나요? 비전을 이해하고자 합니다."

"암호화폐 시장에는 일반 투자자뿐만 아니라 헤비 트레이더[1]나 기업 고객도 있어요. 후자가 신뢰할 수 있는 거래소가 되면 좋겠습니다. 암호화폐계의 골드만삭스처럼."

코빗의 프로덕트를 총괄하는 디렉터로 입사한 후, 당시 대표와 대화를 나누던 중 비전을 공유해달라고 부탁했다. 경영인의 비전과 프로덕트 개발 방향성을 어떻게 일치시켜야 할지 고민해보고 싶었기 때문이다.

"알겠습니다. 프로덕트 로드맵을 작성할 때 참고하겠습니다."

"스티븐, 문서를 적기 전에 한 가지만 해봤으면 해요. 암호화폐 거래자가 아니라도 좋으니, 주식을 거래하는 헤비 트레이더 한 명이라도 직접 찾아가서 어떻게 하는지 지켜보도록 해요. 헤비 트레이더나 기업들이 쓰는 기능은 스티븐 같은 일반 트레이더가 쓰는 것과는 달라요."

맞는 말이었다. 나는 오래전부터 비트코인 같은 암호화폐를 거래해본 경험이 있었지만, 트레이딩 자체를 정식 업으로 삼은 적은 없었다. 전략을 세우고 시시때때로 시세를 모니터링하거나, 시스템 거래를 하기 위해 개발해본 경험이 전무했다.

프로덕트를 담당하는 PO는 실제 고객에 대한 이해가 풍부해야 한다. 당시 대표가 밝힌 사업 방향성에는 헤비 트레이더나 기업 고객이 중요한 대상이었고, 나는 그런 고객이 무엇을 원하는지 알아내야 했다. 그래서 직접 누군가를 찾아가 어깨너머로 지켜보며 배우라고 한 것이다. 자칫 간과할까 봐 조언해준 듯싶다.

이렇게 고객을 직접 이해하려는 노력은 PO에게 필수다. PO라는 직무가 어떻게 생기게 되었는지 살펴보면, 왜 고객에 집착하는 인재가 필요한지 알 수 있다. PO의 시초는 브랜드 맨Brand Man이라는 직무가 제안되었던 20세기 초반으로 거슬러 올라간다.

아래와 같이 브랜드 맨이 갖춰야 하는 의무와 책임을 정리해드립니다.[2]

---

1. heavy trader. 거래 빈도 또는 금액이 높은 거래자.
2. https://alexlowe.io/the-history-of-product-management-part-1-inception

1931년 5월 13일, 생필품 제조사 P&G(프록터 앤드 갬블)의 젊은 임원이었던 닐 맥엘로이가 내부 인원 충원을 고민 중인 고위 임원들에게 세 장짜리 메모를 작성해서 전달했다. 브랜드 맨이라는 직무에 대한 설명이었다.

브랜드 맨

1. 자신에게 주어진 브랜드의 출고량을 한 개 단위까지 주의 깊게 관찰한다.

2. 브랜드의 제품이 활발하게 판매되거나 증가 추세를 보이는 곳일 경우, 그것을 가능하게 한 원인을 주의 깊게 살펴보고, 그것을 다른 비슷한 지역에 동일하게 적용하려 노력한다.

3. 브랜드의 제품 출고량이 저조할 경우

   a. 해당 브랜드의 과거 광고 및 홍보 이력을 분석하고, 직접 딜러나 고객을 만나서 그 지역의 특성을 파악한 후 문제점을 찾아낸다.

   b. 우리의 취약점을 발견했다면 그 특정 지역에서 발생되고 있는 문제를 해결할 계획을 수립한다. 당연히 계획만 구축하는 게 아니라, 문제를 해결할 수 있다고 확신할 만한 비용을 적절히 산정해서 제안한다.

   c. 이 계획을 출고량이 저조한 지역을 담당하는 디비전 총괄자한테 상세하게 보고하고, 문제점을 고칠 수 있도록 그로부터 권한과 지원을 얻는다.

   d. 계획을 시행하기 위해 필요한 인적 자원과 물품을 준비하고, 각 지역에 해당 계획을 공유한다. 세일즈맨들이 준비 태세를 갖출 수 있도

록 협업한다. 마지막 순간까지 모든 절차를 실행하고, 계획의 예상 판매 결과가 흐트러지지 않도록 책임진다.

   e. 필요한 모든 정보를 기록해두고, 의도한 결과가 계획을 통해 제대로 달성됐는지 검증하기 위한 현장 분석도 진행한다.

4. 단순히 출력된 홍보물 등을 평가하는 것이 아니라, 담당하는 브랜드와 관련된 표현에 대해 전적으로 책임을 진다.

5. 브랜드에 적용된 모든 광고 비용에 대해 책임을 진다.

6. 각 지역의 책임자와 일 년에 몇 번씩 직접 만나 발생 가능한 모든 문제점에 대해 논의한다.

훗날 P&G의 사장이 된 맥엘로이는 각 브랜드마다 그것을 맡아 책임질 브랜드 맨을 채용하길 바랐다. 브랜드 맨은 단순히 광고를 집행하고 출고량을 확인하는 것을 떠나, 직접 각 지역을 돌아보며 고객과 동료들로부터 배워야 하는 의무도 있었다. 제품 개발, 출고, 유통, 마케팅, 데이터 분석, 그리고 다시 고객과 동료들로부터 문제점을 듣는 과정을 모두 반복하는 책임자를 찾으려 한 것이다.

맥엘로이는 1957년에 아이젠하워 대통령으로부터 미국의 국방부 장관으로 임명됐다. NASA가 설립되는 과정에 큰 기여를 한 후, 말년에는 스탠퍼드 대학교의 조언자로 활동했다. 그리고 훗날 스탠퍼드 대학교에서 HP휴렛팩커드를 창업하게 될 젊은 시절의 빌 휼렛과 데이비드 패커드에게 영향을 끼쳤다.

빌 휼렛과 데이비드 패커드는 맥엘로이의 가르침을 통해 브랜드 맨의 핵심 가치를 프로덕트 매니저라는 직무에 접목했다. 그들은 결정이 내려지는 과정이 고객에게 가능한 가깝게 밀착되기를 원했다. 프로덕트 매니저가 고객의 목소리를 회사 내부에서 대변하기를 바랐다. 데이비드 패커드는 1995년에 출간한 『휴렛팩커드 웨이The HP Way』라는 저서에서 프로덕트 매니저가 고객에게 집착했기 때문에 이룰 수 있었던 경이로운 결과에 대해 언급했다. 실제로 HP는 1993년까지 수십 년 동안 연간 20% 이상의 성장률을 꾸준히 이어왔다.

HP는 각 제품이 고객과 더 밀접한 관계를 유지하도록 새로운 조직 구조도 만들었다. 제품별로 기획, 개발, 생산, 판매에 집중할 수 있게 프로덕트 디비전Product Division이라는 소조직으로 나누었다. 디비전이 500명 이상으로 커질 경우, 또다시 분리해서 더 작은 조직 형태가 되어 맡은 제품에 집중할 수 있게 했다.

이렇게 P&G의 생필품, HP의 전자제품까지 이어진 프로덕트 관리는 자동차 산업으로까지 전파됐다. 다이치 오노와 훗날 도요타의 회장이 된 에이지 도요타가 정의한 도요타 프로덕션 시스템TPS은 제품 생산 과정에서 낭비를 제거하는 방식으로 유명하다. TPS의 핵심 원칙을 정리한 도요타 웨이의 14가지 원칙 중 가장 눈에 띄는 것은 12번째로 소개된 현지현물現地現物이다.

"가서 직접 봐라"라고 쉽게 풀이되어 알려진 이 원칙은 어떤 현상을 이해하기 위해 직접 현장에 가서 관찰할 것을 제안한다. 현장에서 사실과 데이터를 모아 문제의 원인을 파악하자는 이 원칙은 1931년 맥엘로이가 P&G에 도입한 발상과 일맥상통한다.

TPS를 정리한 엔지니어 다이치 오노는 신입 사원을 공장에 데리고 간 일화로 유명하다. 공장 바닥에 분필로 원을 그린 후, 신입 엔지니어에게 그 안에 서서 주변을 관찰하라고 시킨다. 한참 후 다시 돌아와 그 직원에게 무엇을 봤는지 물어보고, 충분히 관찰하지 않았다는 생각이 들면 더 오래 서 있으라고 한다. 현장에서 직접 문제를 파악하고, 어떤 비효율성을 제거해야 하는지 등을 알아챌 수 있도록 가르쳤던 것이다.

고객과 원인에 집착하여 프로덕트를 개선하는 방식은, 시간이 흘러 미국의 실리콘밸리에도 자연스레 전파됐다.

> 넷플릭스의 프로덕트 총괄 부사장으로 입사했을 때, 나는 CEO 리드 헤이스팅에게 그가 남기고 싶은 유산이 무엇인지 물었다. 그러자 그는 "고객 과학Customer Science"이라고 대답했다.
> 그는 덧붙였다: "스티브 잡스 같은 리더는 고객이 뭘 원하는지 아는 센스가 있는데, 나는 그게 없다. 우리는 고객에게 과학적인 접근을 할 필요가 있다."[3]

2005년부터 넷플릭스 프로덕트를 담당했던 깁슨 비들은 이런 일화를 지면을 통해 밝혔다. 넷플릭스는 창업 초창기부터 고객과 관련된 데이터를 집요하게 분석하고 결론을 내리는 것으로 유명하다.

---

3. 비들, 깁슨. "How Netflix's Customer Obsession Created Customer Obsession."
  https://medium.com/@gibsonbiddle/customer-obsession-8f1689df60ad

예를 들어, 원래 넷플릭스에서는 각 영화나 TV 프로그램에 5점 만점의 별표로 평가하는 방식이 있었다. 그런 평가 방식을 도입했던 이유는, 고객이 평점 높은 양질의 콘텐츠를 많이 보면 볼수록 그들이 서비스를 더 오래 사용할 거라는 가설에서 도출됐다. 그런데 막상 실험 결과를 살펴보니, 평점이 높은 콘텐츠를 노출한다고 고객이 더 오래 머무르는 것은 아니라는 사실이 밝혀졌다.

그래서 넷플릭스는 과감하게 5점 평점을 버리고 단순하게 엄지손가락을 올리거나 내리는 아이콘으로 대체했다. 뿐만 아니라 콘텐츠별로 평점을 보여주는 대신, 개별 고객의 선호도와 얼마나 유사한지 퍼센트로 보여줬다. 그러자 고객은 더 많은 콘텐츠를 평가하기 시작했고, 궁극적으로 넷플릭스는 각 고객에게 더 적합한 콘텐츠를 추천할 수 있게 됐다. 다른 누군가가 영화에 5점을 줬다고 해서 그걸 무조건 즐기게 되는 것도 아니고, 3점을 줬다고 해서 즐기지 않는 것도 아니라는 사실을 데이터를 통해 검증했기 때문이다.

고객에게 더 알맞은 콘텐츠를 제공하기 위한 넷플릭스의 노력은 아주 미세한 부분까지 이어졌다. 넷플릭스는 각 콘텐츠별로 여러 가지의 대표 이미지를 고객에게 보여준다. 예를 들어, 국내에서도 방영 중인 〈기묘한 이야기〉 시리즈는 최소 9가지 이상의 대표 이미지를 각기 다른 고객에게 노출한다. 알고리즘을 통해 파악한 고객의 선호 장르 등을 감안하여, 각 고객의 관심을 끌 만한 이미지를 보여줌으로써 콘텐츠를 소비할 확률을 높인다.[4]

그럼 만약 넷플릭스가 1997년에 개봉한 영화 〈굿 윌 헌팅Good Will

Hunting〉을 고객이 시청하게 하고 싶으면 어떻게 이미지를 다르게 노출할까? 만약 특정 고객이 그간 로맨틱 영화를 즐겨 봤다면, 그 고객의 관심을 끌도록 맷 데이먼과 미니 드라이버가 함께 있는 장면을 대표 이미지로 노출한다. 만약 다른 고객이 그동안 코미디 영화를 더 즐겨 봤다면, 그 고객에게는 코미디언 로빈 윌리엄스가 미소 짓고 있는 장면을 대표 이미지로 노출한다.

넷플릭스는 이런 대표 이미지 조합을 언제, 어디에, 어떻게 노출할지도 고민한다. 다른 영화를 보고 난 직후에? 아니면 고객이 아직 아무것도 시청하지 않고 고르고 있을 때? 맨 상단에 큰 갤러리 형태로 보여줘야 할까? 아니면 아래 장르별 추천 영역에 보여줘야 할까? 이런 고민을 거듭하며 고객의 실제 행동 데이터를 분석해서 알고리즘을 고도화한다.

그런데 넷플릭스는 궁극적으로 고객 경험을 최적화해야 한다는 사실을 인지하고 있다. 고객의 흥미를 끌 만한 이미지를 노출했지만, 그 고객이 해당 콘텐츠를 즐기지 않는다면 앞으로 넷플릭스의 추천을 믿지 않을 것이기 때문이다. 그래서 다양한 대표 이미지를 마련하지만, 실제 콘텐츠를 대표할 만한 것들로 고민해서 추출한다. 단순히 클릭 수나 시청 횟수를 높이는 것이 넷플릭스가 추구하는 목적이 아니기 때문이다. 이 모든 개발과 실험 과정은 PO 같은 프로덕트 담당자가 책임지고 원

---

4. 넷플릭스 테크 블로그. "Artwork Personalization at Netflix." 12/08/2017.
   https://medium.com/netflix-techblog/artwork-personalization-c589f074ad76.

칙을 정해서 결정을 내린다.

고객 경험에 집착하는 또 다른 대표적인 기업은 아마존일 것이다. 아마존 창업주 제프 베조스는 2016년 투자자에게 보내는 연간 서신에 이렇게 적었다.

> 지난 18년 동안 아마존에는 다음과 같은 세 가지 중요한 아이디어가 있었고, 그 덕분에 우리는 성공할 수 있었습니다. 고객을 최우선시하자. 발명하자. 그리고 인내심을 가지자. 그중 가장 중요한 것은, 고객에 집착하듯이 집중하는 것입니다.

고객의 목소리를 경청하고, 각 고객이 원하는 제품을 어떻게 만들어야 할지 고민하는 것이 성공으로 이어지는 원칙이라고 밝힌 것이다. 이런 영향을 고스란히 받은 아마존, 오라클, 구글 출신의 쿠팡 직원들 덕분에 나도 고객에 집착하는 습관이 몸에 뱄다.

"스티븐, 이것 좀 봐요."

"정말 우리가 이만큼이나 걸은 건가요?"

"네, 롯데월드타워 꼭대기까지 계단으로 올라간 것과 맞먹어요!"

"정말 고생 많으셨습니다."

"떠나시기 전에 지역 하나를 더 보여드리고 싶은데, 아직 기차가 출발하기까지는 시간 남았죠?"

2019년 4월, 나는 다시 쿠팡으로 돌아와 로켓배송에 활용되는 알고리즘을 만드는 데이터 사이언스 조직과 함께 일하게 됐다. 입사하자마자 나는 직접 현장을 봐야 한다고 생각했다. 실제로 배송이 이뤄지는 현장을 보지 않으면 제대로 된 프로덕트를 만들 수 없기 때문이었다. 그리고 궁극적으로 알고리즘의 영향을 받는 간접 고객인 쿠팡맨의 의견을 직접 들어보고 싶었다.

국내는 상당히 다양한 지형으로 이뤄져 있다는 사실도 바로 알 수 있었다. 상업 건물과 빌라, 개인 주택이 옹기종기 모여 있는 강남 지역은, 주소지가 띄엄띄엄 존재하는 영종도 지역과 환경이 매우 다르다. 서울 내부만 보더라도 신축 아파트에는 초고속 엘리베이터에다가 날씨로부터 보호받을 수 있는 넓은 지하 주차장도 있지만, 오래된 단지는 엘리베이터가 없거나 노상 주차를 해야 한다.

그래서 나는 전국의 다양한 현장을 직접 보기 위해, 배송하기 가장 까다로운 곳 중 하나라는 경남 지역에 찾아갔다. 거기서 며칠 머물며 갖가지 현장에서 쿠팡맨과 실제 배송을 함께했다. 직접 물건을 들어 나르기도 했고, 쿠팡맨이 한 곳을 배송하기 위해 얼마나 많은 계단을 올라야 하는지, 그리고 몇 분이나 걸렸는지 등을 계속 측정하며 기록했다. 심지어 계단의 경사까지도 측정했다. 그렇게 하루 종일 배송을 하고 나니, 우리가 롯데월드타워를 계단으로 오른 것만큼이나 걸었다는 사실이 쿠팡맨의 스마트 워치에 떴다.

그 쿠팡맨은 힘들었던 하루를 빨리 마감하고 싶은 티를 전혀 내지 않았다. 오히려 나를 이끌고 또 다른 지역으로 이동했다. 각 배송 현장의 특성을 하나씩 설명해주면서 불편한 점도 지적해줬다. 지친 내색 하나 없이 오히려 자신의 목소리를 누군가가 경청한다는 사실에 들뜬 것 같왔다. 나는 그의 설명을 모두 노트에 빽빽하게 적어서 다시 서울로 올라왔다. 개발 방향성을 정할 때 현장에서 배운 점들을 떠올리기 위해서였다.

PO가 이행해야 하는 가장 중요한 의무 중 하나는 고객에게 집착하는 것이다. 현장이 있으면 현장으로, 공장이 있으면 공장으로, 판매처가 있다면 판매처, 심지어 단순하게 고객센터에 가서 전화 통화를 옆에서 들어도 도움이 된다. 그리고 각각의 고객이 무엇을 불편하게 여기는지, 어떤 경험을 원하는지 등을 데이터까지 분석하며 파악한다.

아마존 계열사이자 온라인 신발 쇼핑몰인 자포스Zappos의 직원이 고객과의 통화 중에 뒤에서 들려오는 아기의 울음 소리를 인지하고 아기가 사용할 담요를 무료로 보내준 사례는 유명하다.[5] 이처럼 고객에게 감동을 줄 수 있도록 매사에 촉각을 곤두세우고 집중하도록 하자. 고객을 이해하다 보면 통찰력이 생기고, 그것을 기반으로 더 나은 경험(서비스)을 제공할 수 있게 된다.

P&G, HP, 도요타, 넷플릭스, 아마존 등이 활용한 이 원칙은 앞으로도 변함 없이 가장 중요한 핵심으로 자리 잡을 것이다. 그 원칙을 제일 앞장서서 실행해야 하는 사람이 PO다. PO는 고객에 집착해서 최고의 경험을 제공해야 한다.

또한 이에 머물지 않고, 고객에 집착하는 사고방식을 주변 동료들에

---

5. 모건, 블레이크. "The 10 Most Customer-Obsessed Companeis in 2018." 02/15/208. https://www.forbes.com/sites/blakemorgan/2018/02/15/the-10-most-customer-obsessed-companies-in-2018/#361081f26ba1

게 전파해야 한다. 단순히 개발을 하거나 디자인 시안을 만드는 것이 아니라, 그것이 고객에게 얼마나 큰 감동을 줄 수 있는지 각자 충분히 인지할 수 있도록 설명해주는 것도 PO의 몫이다. 모두가 고객에 집착할 때까지 PO에게는 직접 현장에서 터득하고 정보를 공유해야 하는 책임이 있다.

PO가 되기 위해 필요한 자질

PO가 되기 위해서 고려해야 하는 세 가지는 크게 다음과 같다.

1. 학력 및 전공
2. 업무 경험
3. 성향 및 능력

이 중 처음 두 가지인 학력이나 경험보다 성향 및 능력이 절대적으로 필요하다. 구체적으로 유무를 판단하거나 수치화하기 어렵기 때문에, 나는 이것을 소프트 자질이라고 부른다. 물론, 경력직으로 이직할 경우 업무 경력이 중요하겠지만, PO가 되려는 신입이나 직무 전환자에게는 이런 소프트 자질이 중요하다.

1. 학력 및 전공

- 아무래도 개발팀과 협업을 해야 하니, 컴퓨터 공학이나 관련 전공을 하면 도움이 된다.
- 심리학, 경제학, 정치학, 경영학, 디자인, 법학 등을 전공한 PO들도 국내외에 많다.
- 4년제 대학을 졸업하지 않아도 싱가포르, 한국, 중국 등을 거치며 경력을 쌓는 PO도 있다.

- MBA 졸업생을 PO로 채용하는 기업들도 많지만, MBA 자체가 요건이 되지는 않는다.
- 특정 학력이나 전공을 따지기보다는, 논리적 사고방식을 키우는 것이 제일 중요하다.

2. 업무 경험

- 신입이나 직무 전환자는 개발 프로젝트를 처음부터 끝까지 경험해보는 것이 도움이 된다.
- 간단한 아이디어로 기획, 디자인, 개발, 출시까지 해볼 수 있는 스타트업 경험도 좋다.
- 무엇을 왜 시작했으며, 그 과정에서 어떤 결정을 내렸고, 성공 여부를 어떻게 수치로 판단했는지 대답할 수 있어야 한다.
- 경력자는 PO로서 프로덕트를 직접 처음부터 끝까지 이행한 경력이 필수다.
- 팀 전체가 한 프로젝트를 본인이 홀로 책임진 것처럼 포장하지는 말자.
- 구체적으로 어떤 업무를 맡았고, 얼마나 체계적인 사고방식으로 깊게 분석했으며, 어떤 데이터를 기반으로 이성적인 판단을 내렸는지 증명할 수 있어야 한다.
- 자신의 결정이 고객에게 어떤 영향을 끼쳤는지 명확하게 이해해야 한다.

3. 성향 및 능력

- 이성적으로 수치화하고, 원칙에 의거해 판단할 수 있는 논리적인 사고방식은 필수다.
- 다양한 정보를 집요하게 파고들어 인사이트를 도출해낼 수 있는 분석 능력도 필요하다.

- 수많은 사안 중 어떤 것을 먼저 처리해야 할지, 우선순위를 정할 수 있는 거시적인 시야를 갖춰야 한다.
- 여러 직무 집단 사이에서 공통적인 목적을 명시하고 구체적인 요구사항을 정리하는 커뮤니케이션 능력이 있어야 한다.
- 사용자 관점에서 어떤 시안이 가장 효과적인지 판단할 수 있는 디자인적 소양도 도움이 된다.
- 한 번 시작한 업무를 끝까지 이어갈 수 있는 추진력도 필요하지만, 실패를 인정하고 빨리 포기할 수 있는 결단력도 있어야 한다.
- 선보이고자 하는 프로덕트의 고객이 누구인지 판단하고, 집요하게 집착해서 최상의 경험을 제공하고자 하는 끈질김이 필요하다.

2장

고객의 목소리를 어디까지 반영할 것인가

고객은 제품을 사지 않는다, 고용한다

"밀크셰이크 이야기 다들 알지요? 모르면 당장 찾아서 읽기를 권장합니다."

PO, 개발자, 디자이너가 모두 모인 자리에서 경영진이 물었다. 나는 이미 밀크셰이크 이야기를 여러 번 들어서 달달 외우고 있었다. 그 이야기의 핵심을 이해하는 순간, 프로덕트를 만드는 방식에 대한 시각이 송두리째 바뀐다. 그래서 쿠팡에서는 한동안 밀크셰이크 사례가 화두가 됐었다.

나는 고등학교를 졸업하기 전부터 창업을 했다. 그 후 수많은 프로덕트를 만들어오며 제일 많이 들어본 단어가 시장 분석이다. 함께 창업하려는 파트너, 투자가, 개발자, 심지어 아버지도 시장 분석이 잘되었는지 물었다. 흔히 시장을 제품 종류로 나누거나, 동일 제품군을 가격별로 나누거나, 대상 고객층을 성별, 나이, 거주지, 경제력 등으로 나누기도 한다. 그리고 선보이려고 하는 제품이나 서비스를 그 어딘가에 끼워 맞춘 후, 과연 잘 팔릴지 예측한다.

나에게 그런 시장 분석은 억지 같았다. 과연 번잡한 도시에 사는 25세에서 30세 사이의 고학력 여성들이 동일한 삶을 살까? 그들이 필요하다고 여기는 서비스가 비슷할까? 나는 시장 분석이라는 것이 어느 정도 증명된 확률을 나타낼 수는 있어도, 앞으로 선보이고자 하는 제품의 성공 여부를 판가름할 수 없다고 믿었다.

이런 개인적인 생각을 실험과 이론을 통해 증명하고 밀크셰이크 이야기를 전파한 사람이 얼마 전 작고한 하버드 비즈니스 스쿨의 클레이튼 크리스텐슨 교수다. 그는 매년 3만 개 이상의 신제품이 출시되지만, 그중 95%가 실패하는 이유를 잘못된 시장 분석 때문이라고 밝히며 새로운 관점을 선보였다.

"제품을 구매할 때 작용되는 간단한 원리는 고객의 '오, 해결해야 할 일 Job이 있어'라는 생각입니다. (이걸 이해하면) 회사가 고객이 정말 구매하길 원하는 제품을 만들 때 효과적입니다."[1]

---

1. 노벨, 카멘. HBS Working Knowledge. "Clay Christensen's Milkshake Marketing." 02/14/2011. https://hbswk.hbs.edu/item/clay-christensens-milkshake-marketing

크리스텐슨 교수는 2011년 〈하버드 비즈니스 스쿨HBS Working Knowledge〉과 했던 인터뷰에서 고객은 해결해야 할 일이 생길 때, 그것에 도움을 주는 제품을 '고용(구매)'한다고 설명했다.

"해결해야 할 일이라는 관점을 가지고 있으면, 고객의 피부 아래로 파고들어 그가 하루 종일 무엇을 하는지 지켜보며 계속 '왜 그렇게 했지?'라는 질문을 던질 수 있게 됩니다."

제품이 단순히 구매된다는 관점에서 벗어나, 고객이 무엇을 해결하기 위해 어떤 제품을 고용했는지 생각해봐야 한다. 모든 제품과 서비스를 고용의 대상으로 바라보면, 각각 어떤 일을 고객을 위해 해줘야 하는지 알 수 있다. 그게 고객에게 전달되는 실제 가치다.

크리스텐슨 교수의 한 동료는 미국 패스트푸드 브랜드의 의뢰를 받은 적이 있다. 그 기업은 밀크셰이크 판매량을 증가시킬 수 있는 전략을 원했다. 이미 해당 기업의 마케팅 부서는 밀크셰이크를 제품 특성별로 나누어서 해당 고객층에게 가장 이상적인 밀크셰이크가 무엇인지 설문조사까지 완료한 상태였다. 그렇게 얻은 답변으로 제품을 개선했지만, 판매량은 증가하지 않고 있었다.

그는 패스트푸드 지점에 하루 종일 머물며 고객을 관찰했다. 고객이 어떤 일을 해결해주길 바라며 밀크셰이크를 고용하는지 확인하기 위해서였다. 누가 밀크셰이크를 사는지, 언제 사는지, 그리고 바로 그 자리에서 마시는지 등을 기록했다. 결국 하루에 판매되는 밀크셰이크의

40% 정도가 이른 오전 회사에 출근하는 직장인들에게 포장 형태로 판매된다는 점을 알아냈다.

그다음 날에는 밀크셰이크를 구매한 고객들을 직접 조사했다. 그들은 모두 밀크셰이크를 동일한 목적으로 고용하고 있었다. 미국 직장인들은 대개 먼 거리를 출근해야 하는데, 그렇게 지루한 출근길에서 편하게 한 손으로 섭취할 수 있는 제품을 고용하고 있었던 것이다. 운전도 해야 하니 베이글이나 도넛 등은 먹기가 불편했고, 바나나 같은 식품은 금방 사라져버렸다. 그런데 적절한 농도의 밀크셰이크는 빨대로 마실 경우 적당히 묵직한 질감이 있어서 회사에 도착할 때까지 지루하지 않게 해준다. 아직 이른 아침이라 배가 고프진 않았지만, 회사에 도착하면 출출할 수도 있다는 생각에 밀크셰이크가 적임으로 뽑힌 것이다. 특히 출근길에는 시간이 부족하므로 패스트푸드 지점에서 판매하는 밀크셰이크를 '고용'해 시간을 단축했다.

밀크셰이크의 나머지 판매는 주로 오후에 이뤄졌다. 그 시간대의 고객들은 하교하는 자녀에게 특별한 간식으로 주려고 밀크셰이크를 고용했다. 오전의 직장인들과 달리, 부모들은 자녀들이 30분 이상 빨대를 이용해 밀크셰이크를 힘겹게 빨아먹을 때까지 기다리기 힘들어했다. 그들은 반대로 질감이 부드러운 밀크셰이크를 고용하길 원했다.

나는 어떤 프로덕트를 만들기 전이나, 혹은 매 분기별로 문서를 하나 작성한다. 아마존 또는 쿠팡에서 식스 페이저 6-Pager라고 부르는 이 문서 형태는 여섯 페이지 이내에 해당 프로덕트에 대한 핵심 내용을 담아내는 것이다. 프로덕트의 목적이 무엇인지, 과거에 어떤 관련된 시도를 했는지, 어떤 실패 사례가 있었는지, 앞으로 어떤 방향으로 개발할 건지, 그리고 어떤 수치를 활용해서 성공 여부를 확인할 것인지 등을 최대한 간결하고 정확하게 서술한다. 이 문서는 개발팀은 물론 임원진, 다른 유관 부서 등에 언제든지 공유할 수 있도록 준비해둔다. 임원진의 검토를 받고, 피드백을 통해 문서를 개선하고, 확정된 뒤에야 개발에 착수한다. 식스 페이저에 대해서는 뒷장에서도 여러 번 설명할 것이다.

이런 식스 페이저에서 가장 중요하게 생각하는 부분은 거의 첫 장에 나온다. 나는 그것을 "우리는 고객을 위해 어떤 일을 하는가?"라고 칭한다. 이 부분에서 나는 해당 프로덕트가 고용되는 이유를 목록 형태로 작성한다. 이런 목록을 작성하고 다른 이들의 의견을 받아 확정 지을 때까지 다섯 번 이상의 검토를 받은 적도 수두룩하다. 별 거 아닌 것 같지만 단어 하나하나에 집착하며 수정을 거듭하는 이유는, 프로덕트를 개발하기 전 고객이 어떤 일을 해결하기 위해 프로덕트를 고용하는지 PO가 먼저 완벽하게 이해하고 있어야 하기 때문이다. 그래야 프로덕트를 고객에게 선보일 때까지 모두가 동일한 관점에서 의견을 피력할 수 있다.

만약 밀크셰이크에 대한 식스 페이저를 작성한다면, 나는 다음과 같은 목록을 작성했을 것이다.

1. 오랜 시간에 걸쳐 무료함과 허기를 달래줄 음식을 찾는 고객은 걸쭉한 농도의 밀크셰이크를 고용한다.
2. 간단하게 간식으로 섭취할 수 있는 음식을 찾는 고객은 비교적 빨리

섭취할 수 있는 묽은 농도의 밀크셰이크를 고용한다.

밀크셰이크 사례로 알 수 있듯이, 고객이 동일한 제품을 고용하는 이유는 한 가지가 아닌 경우가 다반사다. 그래서 고용되는 이유를 나열하는 목록은 주로 세 가지에서 다섯 가지 정도로 정리하는 편이다. 가장 처음에 내세우는 항목이 물론 제일 중요한 고용 이유이고, 아래 목록으로 내려갈수록 부수적인 것들로 채워진다.

고객이 무엇을 위해 밀크셰이크를 고용하는지 정리해놓으면, 앞으로 어떤 밀크셰이크를 제공해야 하는지 알기 쉽다. 소수의 고객을 상대로 한 설문조사를 토대로 만든 제품보다 판매량이 증가할 확률은 높아진다. 모든 제품과 서비스를 고용의 대상으로 분석해보면, 의외로 왜 고객이 그걸 고용하는지 알기 쉽다.

그렇다면 경쟁하는 제품과 서비스는 어떻게 분류할 수 있을까? 밀크셰이크 사례만 보더라도, 밀크셰이크의 경쟁자는 매우 다양했다. 실제 고객은 커피 같은 다른 음료만을 고려하지 않았다. 베이글, 도넛, 바나나, 초콜릿 등 여러 가지를 비교해본 후, 자신이 해결하고자 하는 일의 적임자로 밀크셰이크를 고용했던 것이다. 만약 오전 시간에 밀크셰이크의 판매량을 당장 뺏어오고 싶다면, 밀크셰이크만큼 오래 섭취할 수 있고, 적당한 포만감을 주며, 더 쉽게 살 수 있는 제품을 선보여야 할 것이다.

현 시대에는 대체 제품과 서비스가 전혀 다른 제품군에서 나오기도 한다. 왜냐하면 고객이 해결하고자 하는 일을 대신할 프로덕트가 매우 많고, 고객에게 접근하는 경로도 다양해졌기 때문이다.

> "사람들은 나에게 묻죠. 메트로폴리탄 미술관의 가장 큰 경쟁자는 누구
> 인가요? 모마MoMA인가요? 구겐하임인가요? 우리의 경쟁자는 넷플릭
> 스입니다. 캔디 크러쉬도요. 이게 2016년의 현실입니다."[2]

뉴욕 메트로폴리탄 미술관의 최고 디지털 책임자인 스리 스리니바산
은 〈패스트 컴퍼니〉지와 나눈 인터뷰에서 이렇게 말했다. 그는 메트로
폴리탄 미술관에 방문하는 고객이 집에서 넷플릭스를 보거나 캔디크러
쉬 같은 게임을 하면서 시간을 보내기 때문에, 미술관에 오게 만들 방
법을 강구해야 한다고 강조했다. 5,000년의 역사가 고스란히 담겨 있는
미술관 내에 각 고객의 관심사에 맞는 작품이 있다는 사실을 고객에게
알려야 한다고 덧붙이면서.

분명 고객이 메트로폴리탄 미술관을 고용하는 이유는 여러 가지가
있을 것이다. 주중에는 학생이나 단체 관광객 등이 방문하고, 주말에는
가족과 함께 시간을 보내기 위해 오는 고객도 존재할 것이다. 특정 전
시를 보기 위해 일부러 시간을 내어 방문하는 고객도 있을 테다. 각각
메트로폴리탄 미술관을 고용하는 이유는 다르니, 왜 넷플릭스와 캔디

---

2. 티틀로, 존. Fast Company. "How a 145-Year-Old Art Museum Stays Relevant In The Smartphone
   Age." https://www.fastcompany.com/3057236/how-a-145-year-old-art-museum-stays-relevant-in-
   the-smartphone-age

크러쉬가 존재하는데도 메트로폴리탄 미술관으로 방문하는지 물어볼 필요가 있다.

메트로폴리탄의 경우처럼 시대가 변하면 대체 가능한 경쟁 제품이나 서비스가 전혀 다른 형태로 나올 수 있다. 아직 미비하지만 특히 미국 같은 경우는 테슬라의 전기차 판매량이 증가 추세에 있다. 주행 보조 시스템을 갖췄고, 언제든지 완전 자율주행이 가능한 상태로 발전하기 위한 하드웨어를 갖추고 출고되는 중이다. 시간이 흘러 완전 자율주행이 가능해지고 출근자들이 운전 대신에 자동차 내부에 있는 화면을 통해 유튜브나 넷플릭스를 시청할 수 있게 된다면, 굳이 패스트푸드 지점에 들러 밀크셰이크를 사지 않아도 될 것이다. 미래의 고객은 무료함을 달래기 위해 밀크셰이크 말고 넷플릭스를 고용할 수도 있으니.

PO는 프로덕트를 기획하거나 개발 방향을 결정할 때, 어떤 고객이 왜 해당 프로덕트를 고용할지 철저하게 고민해야 한다. 설문 조사나 이미 지나간 과거의 데이터를 보고 시장의 수요를 추측하는 것은 PO에게 적절한 방식이 아니다. 당장 직면한 현재의 고객이 어떤 제품을 고용하고 있는지, 그리고 왜 그걸 선택하는지에 대한 관점으로 분석하도록 해야 한다.

메트로폴리탄 미술관이 넷플릭스나 캔디크러쉬를 경쟁자로 삼듯이, 현재 책임지고 있는 프로덕트의 고객이 대체물로 고용할 수 있는 그 모든 것을 고려하도록 하자. 바로 눈앞에 보이는, 누구나 다 알고 있는 경쟁자가 전부가 아닐 수도 있기 때문이다.

고객은 언제나 해결해야 할 일들에 둘러싸여 있고, 그것을 해결해줄 제품과 서비스를 고용할 준비가 되어 있다. PO는 고객이 흔쾌히 고용할 프로덕트를 만들고 꾸준히 개선해야 한다.

서비스는 하나라도
사용자 유형은 다양하다

"그 회사에서 만든 프로덕트는 어떤 고객에게 무슨 가치를 제공했죠? 목표가 무엇이었는지 궁금합니다."

"우리는 정말 다양한 기능을 만들었어요. 채팅 방도 만들었고, 아바타도 제공했죠. 게임 같은 기능도 넣었고요."

"방금 여러 가지 기능을 나열하셨어요. 그 기능을 누구에게 왜 제공했는지 설명을 듣고 싶습니다. 혹시 어떻게 고객을 분류하셨나요?"

"매일 사용하는 사람들의 수를 알려주는 DAUDaily Active User, 매월 사용하는 사람들의 수를 측정하는 MAUMonthly Active User는 당연히 봤어요."

나는 PO 지원자와 면접을 진행하면서 그가 어떻게 고객을 바라봤는지 궁금해서 질문했다. 하지만 나에게 돌아온 대답은 고객에 대한 진정한 이해에 기반한 것이 아니었다.

앞서 설명한 밀크셰이크 사례에서는 최소 두 가지의 고객 유형이 존재한다고 크리스텐슨 교수가 설명했다. 하나는 오전에 출근할 때 무료함을 달래줄 식음료를 찾던 고객이고, 또 하나는 하교하는 자녀에게 간식거리로 사주려는 고객이었다. 그리고 각각을 위해 패스트푸드 업체가 마련해야 하는 제품은 조금 달랐다. 같은 밀크셰이크지만 이 둘을 만족시키기 위한 농도와 맛은 달라야 했다.

분명 선보인 서비스는 하나라도, 그것을 고용하는 고객의 유형은 다양하다. PO는 한정적인 시간과 개발 자원을 효율적으로 사용하여 프로덕트가 최대한 고용되길 바란다. 그러기 위해서는 고객이 모두 똑같지 않다는 사실을 받아들여야 한다.

전자상거래 서비스를 예로 들어보자. 2018년 12월 한 달 동안 아마존에 방문한 고유 방문자 수는 2억 명을 넘겼다.[1] 2019년 1월 아마존 프라임 서비스의 가입자 수만 해도 1억 명 정도였다.[2] 그럼 아마존에 방문하는 고객의 유형을 어떻게 나눌 수 있을까? 가끔 방문하는 고객과 자주 방문하는 고객을 보려고, 일간 또는 월간 방문 횟수로 나눠보는 게 정확할까? 성별이나 나이, 접속 지역으로 분류해서 봐야 할까?

그렇게 표면적인 정보로 구분하는 것은 실제로 몇억 명의 고객이 왜

---

1. https://www.statista.com/statistics/271450/monthly-unique-visitors-to-us-retail-websites
2. https://fortune.com/2019/01/17/amazon-prime-subscribers

아마존 서비스를 고용하는지 이해하는 데 도움이 되지 않을 것이다. 날마다 최소 한 번씩 방문하는 고객이 수천만 명 있다고 가정해보자. 그들이 아마존을 고용하는 이유가 모두 같을까? 아닐 것이다. 출근하는 미국인들이 오전에 패스트푸드 지점에서 밀크셰이크를 고용하는 이유는 동일했다. 수많은 고객의 통일된 의향을 파악하려면, 먼저 고객의 관점에서 바라봐야 한다.

우리가 직접 아마존을 사용해본다고 가정해보자. 꼭 아마존이 아니더라도 자신이 자주 사용하는 전자상거래 서비스를 떠올려도 된다. 왜 그 모바일 앱에 들어가는 것일까? 어떨 때는 꼭 사야 하는 물건이 있어서 앱을 연다. 나는 미국에서만 판매하는 민트가 떨어져갈 때 아마존에서 주문한다. 또 어떨 때는 별다른 이유 없이 아마존에 들어가보기도 한다. 아무런 이유가 없는데도 습관적으로 들어가보는 경우가 분명히 있다. 우리가 하루에 몇 번을 들어가든, 반 년에 한 번만 들어가든, 아마존 같은 전자상거래 업체를 고용하는 데에는 각자의 이유가 존재한다.

아마존을 예로 들었지만, 전자상거래 서비스를 고용하는 고객은 크게 세 가지로 구분해볼 수 있을 것이다.

1. 구체적인 목적이 있는 고객Intent-Based Customer: 어떤 상품을 구매해야 하는지 명확하게 인지하고 서비스를 고용하는 고객이다. 이 유형은 자신이 무엇을 사야 하는지 정확하게 알고 있다. 항상 아기를 위해 구매하는 특정 브랜드의 기저귀를 사려고 전자상거래 서비스에 들어간다면, 목적이 있는 고객이다.

2. 목적이 있지만 발견해야 하는 고객 Intent-Discovery Customer : 대략 어떤 상품군을 구매해야 하는지는 알지만, 구체적인 상품을 아직 정하지 못한 고객이다. 이 유형은 동일 상품군에서 여러 가지 상품을 비교해보고 구매 결정을 내린다. 아이를 위한 장난감을 사려고 하지만 어떤 브랜드의 상품을 구매해야 할지 모르거나, 과일을 먹고 싶은데 다양한 품종 중 어떤 걸 장바구니에 담아야 할지 고민한다면, 목적이 있지만 추가적인 발견이 필요한 고객이다.

3. 발견을 원하는 고객 Pure-Discovery Customer : 구체적인 목적 없이 들어온 고객이다. 둘러보다 마음에 드는 게 있으면 구매하기도 한다. 이 유형은 다양한 상품을 훑어보며 신제품이나 트렌드 등을 파악한다. 만약 옷이나 신발, 혹은 과자 같은 상품군에서 요즘 뜨는 제품이 뭔지 둘러본다면 발견을 원하는 고객이다.

대략 이 세 가지 유형의 고객이 있다고 가정해보면, 각각이 왜 아마존 같은 서비스를 고용하는지 예상해볼 수 있다. 반대로 서비스를 담당하는 PO는 각 고객을 위해 어떤 경험을 제공하고, 무슨 정보를 더 명확하게 노출해야 하는지 결정할 수 있다.

구체적인 목적이 있는 고객에게는 서비스에 접속하자마자 자주 구매하거나 최근 구매했던 상품을 보여주는 것이 유용할 수 있다. 예상처럼 바로 해당 상품 페이지로 이동했다면, 그 고객에게는 상품 정보나 다른 고객이 작성한 상품평을 우선적으로 노출할 필요가 없을 것이다. 최대한 빨리 가격을 보여주고 장바구니에 넣거나 바로 구매할 수 있게 유도

하기 위해 다양한 실험을 해봐야 한다.

목적이 있지만 발견해야 하는 고객일 경우, 특정 상품 페이지로 바로 이동하는 대신, 키워드를 검색하거나 상품 카테고리로 이동할 것이다. 예를 들어, 장난감이라는 단어를 검색했다고 가정해보자. 수십만 가지의 상품 중 무엇을 우선적으로 노출해야 할까? 담당 PO라면 해당 고객과 관련된 정보를 고려해서 가장 만족할 만한 상품을 추천해줘야 할 것이다.

- 장난감은 누구를 위해 사주는 것일까?
- 과거에 장난감을 구매한 이력이 있나?
- 구매한 적이 없다면, 다른 상품을 구매한 이력은 있을까?
- 작년에 5세용 남아 옷을 여러 벌 산 이력이 있다면, 올해 고객의 아들은 6살 정도 되었을까?
- 고객이 직접 작성한 상품평에서 유용한 정보를 얻을 수는 없을까?
- 자녀의 나이나 색상 선호도 등을 적은 내용을 텍스트 마이닝Text Mining (문자로 된 데이터에서 새롭고 가치 있는 정보를 찾아내는 기술)으로 파악해 볼 수 있지 않을까?
- 해당 고객과 비슷한 구매 패턴을 보유한 다른 고객 중 장난감을 산 고객이 있을까?
- 그 고객은 구매한 장난감에 대한 만족도가 높을까?
- 상품평 별점을 얼마나 줬을까?
- 이 동일 상품을 검색 결과 상단에 노출한다면 해당 고객이 상품 페이지

에 들어가볼까?

PO의 입장에서 자문해볼 수 있는 질문은 수도 없이 많다. 고객이 가장 만족할 만한 상품을 최단 시간에 찾아서 구매할 수 있도록 도움을 줘야 할 것이다. 여러 가지의 상품을 검색 결과 페이지에 노출한다면, 고객이 최대한 빨리 각 상품의 장단점을 파악할 수 있게 지원하도록 하자. 가격은 명확하게 노출되어 있는가? 다른 고객이 작성한 상품평은 쉽게 찾을 수 있을까? 관련 정보를 어떻게 보여줘야 구매 결정에 도움이 될지 PO는 늘 분석하고 경험을 개선해야 한다.

실제 고객 경험을 토대로 고객 분류를 한 다음, 그들이 어떤 일을 해결하기 위해 서비스를 고용하는지 생각해보면 경험을 보다 수월하게 개선할 수 있다. 고객 수가 수천만 명, 수억 명으로 증가해도 이런 접근법은 유효할 것이다. 단순히 전체 고객을 성별이나 나이대, 평균 구매액 등으로 구분하면 그들에게 고용될 만한 서비스를 만들 수 없다. 그런 정보는 부수적으로 활용하면 된다. 본질적으로 고객이 각각 어떤 의도를 가졌는지 파악해서 분류해야 서비스 개선 방향성을 잡을 수 있다.

PO가 범하기 쉬운 실수 중 하나는 프로덕트를 만드는 사람의 관점에서 고객을 바라보는 것이다. 그렇게 하면 무의식적으로 PO 자신이 만들고 싶어 하는 방향으로 데이터를 해석하고 결정해버릴 수 있다. PO는 절대로 자신의 직관이나 바람에 의한 결정을 내려서는 안 된다. 고객을 분류하는 방식을 완벽하게 터득할 때까지, 자신이 책임지는 프로덕트를 수도 없이 많이 사용해보는 것이 좋다.

직접 고객이 되어 프로덕트를 사용해보는 것보다 더 나은 방법은 없다. 물론 시간과 에너지가 많이 소요된다. 나는 쿠팡에서 상품평의 PO가 된 이후, 수천만 명의 고객 중 상위 몇백 명의 리뷰어에게만 부여하는 배지를 받아본 적이 있다. 실제로 고객 입장에서 나에게 필요한 상품을 구매하고, 꼬박꼬박 솔직한 상품평을 남겼다. 다른 고객의 공감을 얻을 수 있도록, 내가 상품을 구매할 때 궁금했던 점을 중심으로 적었다. 그렇게 직접 고객이 되어 보니, 상품평을 작성하는 모든 고객의 분류를 세분화할 수 있게 됐다.

코빗으로 이직했을 때도 마찬가지였다. 직원의 매매 금지 정책이 생기기 전까지 여유가 생길 때마다 접속해서 트레이딩을 했다. 업비트, 바이낸스 등 다른 암호화폐 거래소도 활발하게 사용했다. 이익을 얻기 위해서가 아니라, 고객의 관점에서 어떤 이유로 거래소를 고용하는지 알고 싶어서, 새벽에 잠도 안 자고 몰두한 날이 많았다. 그런 경험을 토대로 고객 분류를 시도할 수 있었다.

PO라면 동일한 프로덕트를 고용하는 고객이 다양하다는 점을 명심하길 바란다. 그리고 그 다양성 속에서 동일한 의도를 찾아 고객을 분류하도록 하자. 각각 프로덕트를 고용하는 이유를 파악한 후, 그것에 맞춰 프로덕트를 개선해야 한다. PO가 고객 분류만 잘해도 절반은 성공적으로 완수했다고 본다. 모든 고객에 대한 이해가 이뤄져야 분류 자체를 온전히 할 수 있기 때문이다. 그 이후는 프로덕트를 어떻게 잘 개선해야 하는지에만 집중하면 된다.

모든 사람을 만족시킬 수는 없다

"그건 명백한 로우 행잉 프루트Low Hanging Fruit예요! 왜 안 된다는 거죠?"

이전 동료였던 PO가 다른 PO에게 도움을 청하다 계속 거절당하자 이렇게 반박했다. 그는 아주 간단하게 아이콘 하나만 만들어주면 수치가 올라갈 텐데, 왜 못 해주냐고 물었다.

PO로서 자주 사용하고 듣는 표현은 Low Hanging Fruit다. 직역을 하면 '낮게 달랑달랑 달려 있는 과일' 정도가 될 것 같다. 큰 노력 없이 손으로 따서 수확하면 된다는 뜻이다.

고객에게 최상의 경험을 제공해야 한다고 다짐한 PO가 풀어야 하는 가장 큰 숙제 중 하나는 우선순위를 정하는 것이다. 개발할 수 있는 자원은 한정적이기 때문이다. 개발자, 디자이너, 데이터 과학자의 수는 무한하지 않다. 특히 스타트업이거나 효율성을 중시하는 기업일수록 인적 자원이 풍부하지 않다.

시간도 넉넉하지 않다. 인적 자원이 적다고 기능 하나를 개발하기 위해 몇 개월을 투자할 수는 없다. 그다음 개발도 계속 늦춰지기 때문이다. 고객에게 더 나은 경험을 제공하려면 효율적으로 완성해야 하므로, 시간을 길게 잡는 건 적합한 대안이 아니다.

PO는 쉽고 간단하게 고쳐서 최대한 개선된 경험을 제공할 수 있도록 늘 살펴야 한다. 최소한의 노력으로 최대한의 결과를 낼 수 있다면, 그만큼 효율적인 자원 활용법은 없을 것이다. 물론 대규모 프로젝트도 추진해야 하지만, 곳곳에 숨어 있는 이런 고효율 개선점을 찾는 노력을 꾸준히 하는 것이 좋다. 연습을 계속하다 보면, 어떤 프로덕트든 상관없이 쉽게 딸 수 있는 과일 같은 해결책이 눈에 띌 것이다.

"스티븐, 고객이 이게 불편하다고 고쳐달라고 하는데 가능할까요?"

"몇 명이나 그런 불편을 토로했나요? 혹시 그 고객은 언제 가입했고 최근 일주일간 거래량이 얼마인지 알 수 있을까요?"

"제가 알아볼게요."

"네, 감사합니다. 앞으로는 동일 사안에 대해 몇 명의 고객이 불편을 토로했는지 추가적으로 알려주시면 큰 도움이 될 것 같습니다."

코빗에서는 주기적으로 고객 대응 담당 직원과 회의를 가졌다. 고객의 불편 접수 메일은 매일 오전 자동으로 추출해서 검토했지만, 전화로 접수된 내용은 콜센터에서 별도로 정리해줘야 했기 때문이다.

고객의 불편 사항을 접하고 개선하는 것이 PO의 몫인 것은 분명하지만, 모든 고객의 의견을 다 들어줄 수는 없다. 자원은 한정적이기 때문이다. 그래서 나는 늘 얼마나 많은 고객에게 영향을 끼치는지 확인하려고 한다. 백 명의 고객 중 다섯 명이 개선해달라고 하는 것과, 오십 명이 불편함을 느끼는 사안 두 가지가 있다면 당연히 후자를 먼저 해결하려 할 것이다. 어찌 보면 매우 상식적이다. 하지만 강박적으로 정보를 요구하고 직접 그 수치를 검증하지 않는다면, PO는 불필요한 곳에 자원을 투자하는 실수를 범할 수 있다.

물론 한두 명의 극성 고객이 더 빨리 불편함을 알아채고 개선점을 제안해주는 경우도 있다. 하지만 그런 상황은 생각보다 드물게 발생한다. 그럴 때는 하루나 이틀 정도 시간을 더 두고 추가적으로 들어오는 고객의 의견을 종합적으로 판단한 다음, 또 다른 고객이 비슷한 경험을 하고 있는지 확인하는 것이 좋다. 시급하게 개선되어야 하는 사안이라면, 주요 지표나 고객센터에 접수되는 의견의 수가 눈에 띄게 변화하기 때문이다.

코빗에 근무할 때 어떤 고객을 위한 개발을 우선적으로 해야 하는지 결단을 내리기가 무척 어려웠던 적이 있었다. 암호화폐 거래소의 특성상 고객은 24시간 접속을 한다. 그리고 그들은 실제 원화를 암호화폐로 거래하기 위해 자산을 거래소에 맡긴다. 적게는 몇만 원, 많게는 감히 언급하기도 어려울 정도의 자산을 맡겨놓고 거래한다. 그런데 자산의 규모와 거래 빈도에 따라 구분되는 고객의 요구사항은 상당히 다르다.

작은 스타트업으로 시작한 코빗은 단숨에 거래량이 세계 톱10에 들

정도로 성장해서 1,500억 원의 가치를 인정받았지만, 직원 수는 그만큼 빨리 늘지 않았다. 개발자가 매우 한정적인 상황에서 나는 크게 두 가지 개발 방향성을 두고 고민해야 했다.

- 비교적 적은 자산으로 거래하는 리테일 거래자를 위한 경험 개선

대부분의 고객은 이 부류에 속했다. 고객 중 80% 정도가 웹사이트로 접속해서 스스로 판단하고 거래하는 리테일 거래자였다. 내가 입사했을 당시 모바일 앱이 없었기 때문에, 그들은 주로 모바일 기기의 브라우저를 통해 웹사이트에 접속했다. 모바일 앱이 아니었으니 화면이 틀어져 보이기도 하고, 당연히 거래 체결 내역 등을 알려주는 알림도 제공할 수 없었다. 그리고 이들은 비트코인뿐만 아니라 이더리움, 리플, 대쉬 같은 다양한 알트코인도 상장되길 원했다.

리테일 거래자를 위해서는 안드로이드와 iOS에서 사용 가능한 모바일 앱을 만들고, 웹사이트 인터페이스를 개선하고, 더 많은 암호화폐를 상장시킬 수 있도록 시스템 개선이 필요했다.

- 많은 자산으로 빠른 거래를 지향하는 우량 거래자를 위한 속도 개선

소수의 고객은 많은 자산을 입금해놓고 알고리즘이나 시스템이 정한 방식으로 자동 거래를 했다. 이들에겐 모바일 앱이 군이 필수가 아니었다. 그들은 더 정교한 차트와 전문적인 인터페이스를 원했다. 리테일 거래자만큼 다양한 알트코인을 원하지도 않았다. 시장 가치가 높은 몇 개의 암호화폐만 있으면 괜찮았다.

우량 거래자들은 그 대신 순식간에 거래 주문을 넣을 수 있도록 빠른

API 연결을 원했다. 그리고 거래가 빨리 이뤄질 수 있도록 개선된 매칭 엔진도 요구했다. 한 개의 메인 계정 내에서 자산을 분배하여 거래를 따로 할 수 있도록 서브 계정도 필요했다. 이들에게 필요한 건 빠른 속도와 정확성이었다.

고객 중 압도적인 대다수를 차지하는 리테일 거래자와, 수는 적었지만 거래량의 대부분을 차지하는 우량 거래자 중 하나를 택하는 것은 거의 불가능에 가까웠다. 리테일 거래자 또는 우량 거래자 한쪽만 존재하는 것은 현실적이지 않았기 때문이다. 그들이 공존해야 거래가 활발하게 이뤄졌다.

이런 경우에 나는 극단적인 상황을 가정해놓고 결정을 내리는 편이다. 스스로에게 "만약 리테일 거래자와 우량 거래자 중 오직 한쪽만 택해야 한다면, 어느 쪽을 선택할 것인가?"라는 질문을 던졌다. 우선순위를 정하기 어려울 때 이런 질문은 큰 도움이 된다. 머릿속으로 어느 한 부류가 사라졌을 때 프로덕트에 끼치는 영향을 강제적으로 상상해볼 수 있기 때문이다.

나는 결국 리테일 거래자의 손을 들어줬다. 이유는 다음과 같았다.

- 우량 거래자가 사용 불가능한 상황은 아니었다. 속도를 개선하면 도움이 되지만, 아직 거래 가능했다.
- 리테일 거래자를 모두 확보하는 건 어려운 일이다. 떠나면 다시 되돌리는 비용이 더 들 게 뻔했다.

- 리테일 거래자가 아예 없으면, 우량 거래자는 단숨에 거래소를 떠난다.
- 리테일 거래자를 위한 '경험'이 우수하지 않았다. 경쟁사와 달리 모바일 앱이 없다는 건 제약이 컸다.
- 암호화폐 수를 늘린다고 우량 거래자에게 피해가 발생하지는 않는다. 그런데 수가 적으면 리테일 거래자는 다른 거래소로 옮긴다.

이렇게 내부적으로 협의한 후 개발 자원을 리테일 거래자의 경험을 개선하는 데 투자했다. 물론 다른 개발팀에서는 동시에 우량 거래자를 위한 매칭 엔진 개선에 매진했다. 일단 모바일 앱과 웹사이트 개선을 우선적인 목표로 잡았다. 결국 코빗 창업 이후 처음으로 대대적인 웹사이트 인터페이스 개편이 이뤄졌고, 모바일 앱 두 가지를 선보였다. 그리고 언제든지 암호화폐를 쉽게 상장시킬 수 있도록 시스템을 변경해서, 단기간에 다양한 알트코인을 상장시킬 수 있었다.

PO는 언제나 우선순위를 정해야 한다. 어떨 때는 명백하게 무엇을 해야 할지 눈에 보일 때도 있지만, 때에 따라서는 일부 고객의 요청을 잠시 보류해야 할 수도 있다. 그때마다 늘 한정된 자원을 어떻게 활용해야 가장 효과적일지 고민하도록 한다. 얼마만큼의 공수를 투입하여 얼마만큼의 임팩트를 낼 수 있는지 논리적으로 따져보고 최적의 결정을 내리는 책임을 지녔기 때문이다.

식스 페이저로 모두의
동의를 얻어 기록하라

"스티븐, 로그인하는 절차에서 필요한 정보를 가져오는 방식이 두 가지 있어요. 우리는 각각의 장단점이 있다고 생각하는데, 읽어보고 의견을 줄 수 있어요?"

"그럼요. 일단 읽어볼게요."

"고마워요."

"자, 우리가 이 프로덕트를 위해 결정한 원칙 다섯 가지 중, 가장 중요한 1번과 2번을 충족하는 것은 두 번째 방식이에요. 두 번째 방식의 단점은 UX를 개선하면 충분히 해결 가능하고요. 그래서 저는 두 번째 방식을 택하는 게 좋다고 생각합니다."

기술 매니저가 새로 개발하는 서비스의 세부사항에 대해 고민하다 또 다른 대안이 있다며 검토를 요청했다. 나는 기존의 방식과 새로 제안받은 방식에 대해 읽어보며, 우리가 모두 합의한 원칙을 토대로 의견을 제시했다.

PO의 머릿속은 늘 복잡할 수밖에 없다. 고객의 요청은 다양하지만 자원은 한정적이다. 에러가 생길 때도 있고, 우선순위를 변경하려면 메이커들을 설득해야 한다. 상사가 질문하면 정확한 대답을 해줘야 하며, 수시로 데이터도 확인해야 한다. 쏟아 들어오는 요청 중에서 당장 무엇부터 해야 할지 몰라 허덕일 수도 있다. 메이커나 다른 유관 부서에서 우선순위가 어떻게 정해졌는지 문의하면 대답을 최대한 논리적으로 해야 한다.

그래서 원칙이 필요하다. 결정을 내릴 때 언제든지 잣대로 삼을 수 있는 법 같은 것이 있으면 도움이 된다. PO 스스로 결정을 내릴 때 참조할 수 있다. 혹은 다른 이와 토론하다가 자신의 주장을 뒷받침할 때도 유용하다. 국가나 사회가 법이나 사회적인 통념을 잣대 삼아 잘잘못을 따지듯이, 프로덕트를 만들 때 원칙을 정해두면 복잡한 상황에서 벗어날 수 있다.

내가 식스 페이저 문서를 작성할 때, 고객 분류와 더불어 공을 제일 많이 들이는 것이 바로 원칙이다. '가이드 원칙Guiding Principle'이라고 부르는 이 부분에는 주로 4~6개의 원칙을 목록화한다. 해당 프로덕트를 개발하거나 운영할 때 꼭 지켜야 하는 법 같은 것이다. 1번이 가장 중요한 원칙이고, 내려갈수록 부수적인 것들로 채운다.

이 원칙은 허투루 작성해서는 안 된다. 너무 길어서도 안 되며, 명확한 단어들로 구성한다. 동료, 상사, 경영진 등의 검토를 거치면서 보완하는 절차를 거쳐야 한다. 그리고 최종적으로 모두가 동의하는 원칙이 정해졌을 때, 개발에 착수한다. 만약 오늘 내가 담당하던 프로덕트가 다른 PO에게 넘어가더라도, 그 PO가 이 원칙을 그대로 따를 경우 문제 없이 개발이 이어질 정도로 정확해야 한다. 그만큼 단어와 뉘앙스 하나하나 완벽하게 잡기 위해 신경 써야 한다.

하나의 서비스를 예로 들어보자. 대형 영화관 운영사에서 영화 관련 감상평 서비스를 개편하려고 한다. 지금은 영화를 관람 안 해도 평가를 남길 수 있다고 가정해보자. 분명 감상평의 질은 떨어질 거고, 경쟁사에서 일부러 낮은 평점을 대거 매길 수도 있다. 그럼 영화관의 고객은 감상평을 더 이상 신뢰하지 못할 것이다. 하지만 실제 관람한 고객이 남긴 상세한 감상평은 다른 이들에게 매우 큰 도움이 된다. 어떤 영화를 볼지, 이 영화가 과연 나와 맞는지 검증하기 위해 다른 고객의 의견을 참조하면 결정을 보다 쉽게 내릴 수 있기 때문이다.

고객이 만족스러운 관람을 경험할 수 있는 영화를 선택하려고 감상평 서비스를 고용한다고 생각해보자. 감상평 서비스를 개편해야 하는 PO라면 다음과 같은 원칙을 정해야 할 것이다.

1. 실제 관람한 고객이 생성한 콘텐츠의 진위와 신뢰성은 신성시되어야 한다. 우리는 콘텐츠가 노출되기 전 오용과 부정 작성을 방지하고, 게시된 후에도 의심되는 콘텐츠를 감지해서 제거한다.
2. 관람객은 면밀하고 상세한 감상평을 소중하게 여긴다. 우리는 자세하

고 관련도 높은 콘텐츠가 생성되고 우선적으로 노출될 수 있도록 시스템을 개발한다.

3. 우리는 콘텐츠 생성자와 관람객이 상생할 수 있는 자립 가능 커뮤니티를 구축하려 노력한다. 커뮤니티가 자주 조정되도록 프로세스를 제공한다.

4. 축적되는 감상평은 우리 고유의 데이터이기 때문에 우리의 온라인 생태계 내에서만 활용되어야 한다. 콘텐츠에 대한 접속과 기여를 규제한다.

첫 번째 원칙부터 살펴보자. 핵심 단어는 '실제 관람한 고객'이다. 관람평의 수를 늘리기 위해 실제 관람 여부와 상관없이 콘텐츠를 작성하도록 허용하지 않는다는 방침을 분명하게 한다. 관람하기 전에 작성하는 기대평 같은 것도 방지한다. 영화를 보지도 않은 이의 기대평을 본다고 다른 고객이 어떤 가치를 얻을 수 있을까? 예매권을 발부받고 실제로 영화가 상영된 이후에 작성하도록 기본 시스템을 만들어야 한다.

그다음 중요한 키워드는 오용, 부정, 의심, 감지다. 아무리 시스템을 견고하게 만들어도, 오용하거나 거짓 정보를 남기는 경우는 존재할 것이다. 이 빈도를 최소화해야 한다는 원칙을 세운다. 금지어를 관리하거나, 자극적인 내용을 작성할 수 없도록 방지하는 것은 기본이다. 그 외에 교묘하게 시스템을 악용할 수 있는 방법에 대응한다. 예를 들어, 경쟁 중인 영화 제작사가 상대 영화 평점을 낮추기 위해 일부러 가장 저렴한 티켓을 대거 예매한 후, 상영 시간이 지나자마자 부정적인 평점과 관람평을 다수 남길 수 있다. 또 반대로 자신의 영화가 높은 평점을 받도록 저렴한 티켓을 대거 예매한 후 높은 평점과 관람평을 다수 남길 수 있다.

이런 의심스러운 행동을 감지하는 체계를 갖춰야 한다. 실제 관람한 일반 고객이라면 어떤 행동을 보일까? 동일 영화를 한 번만 보는 경우가 대부분일 것이다. 정말 마음에 들었다면 두어 번 더 볼 수 있겠지만, 연달아 여러 편을 예매하거나 매일 보지는 않을 것이다. 그리고 관람하는 시간과 예매하는 좌석이 일반 분포를 따를 것이다. 일반 고객이 사흘 연속으로 조조 시간에 앞자리 열 좌석 이상을 예매하지는 않을 확률이 높다. 그리고 상영이 종료되자마자 20분 이내에 곧바로 감상평을 남기는 고객이 많지는 않을 것이다. 주로 일반 고객은 종료 후 화장실에 들르거나, 주차장으로 향하거나, 식당에 가는 등 영화관에서 다른 곳으로 이동하기 때문이다. 그리고 일반 고객이라면 특정 영화에 대해서만 관람평을 남기지 않고, 다양한 제작사가 만든 영화에 고르게 평을 남길 것이다.

첫 번째 원칙으로 인해 개발 방향성이 보다 명확하게 잡히게 된다.

- 감상평은 실제로 관람한 고객만 작성 가능하다.
- 상영 종료 후 작성할 수 있다.
- 이미 작성한 영화에 대한 감상평을 남기려고 할 경우, 기존 글에 수정 또는 추가하도록 유도한다.
- 비정상적인 예매 빈도를 보이는 고객의 감상평은 노출하지 않는다.

- 상영 종료 후 20분 내에 장문의 감상평을 남기는 고객의 감상평은 별도 검토한다.
- 특정 제작사의 영화에만 감상평을 남기는 고객은 별도 분류하여 콘텐츠를 검토한다.
- 일반적이지 않은 콘텐츠가 감지됐을 경우, 언제든지 노출을 중단할 수 있도록 한다.

두 번째 원칙은 수많은 콘텐츠 중 어떤 것을 우선적으로 노출해야 할지에 대한 정리다. 핵심 키워드는 '면밀하고 상세한'이라는 단어다. 단순히 길게 적었다고 맨 상단에 노출하지 않겠다는 뜻이다. 영화와 상관없는 내용으로 길이를 늘린다고 좋은 콘텐츠가 되는 건 아니다. 이 원칙 때문에 PO와 메이커들은 어떻게 다른 관람객에게 유용한 콘텐츠를 분류할지 고민을 이어갈 수 있다. 필요하다면 텍스트 마이닝을 할 수도 있다. 아니면 다른 고객이 어떤 관람평을 가장 유용하게 생각했는지 다양한 방법으로 확인할 수 있다. 그리고 그 관람평을 제일 먼저 노출하면 된다. 원칙 자체는 매우 간단하게 느껴질 수 있지만, 그것을 현실화하기 위한 고민을 거듭하려면 기술적인 발전이 뒤따라야 한다.

세 번째 원칙은 영화관의 운영 방침에 따라 달라질 수 있다. 작성되는 모든 관람평을 검열해서 노출할 것인가, 아니면 자유롭게 보여줄 것인가? 만약 운영팀이 전담으로 관리할 게 아니라면, 고객과 작성자 모두가 자체적으로 검열할 수 있도록 방법을 마련해준다. 예를 들어, 부적절한 내용이 있을 경우 신고하는 기능이 필요할 수 있다. PO는 이 원칙을 상기하면서 서비스를 개선할 때마다 잘 지켜지는지 고민하도록 한다.

마지막 원칙도 영화관의 운영 방침에 따라 달라질 수 있다. 하지만 양질의 콘텐츠를 생성시켰는데 그 정보를 다른 사이트에서 볼 수 있도록 한다면, 과연 고객이 영화관 사이트나 앱에 들어와서 어떤 영화를 봐야 할지 고민할까? 결정에 도움을 주는 콘텐츠가 있다면, 상식적으로 그것을 고유 자산으로 보호하는 것이 유용할 수 있다. 그리고 영화관이 직접 운영하는 곳에서만 그런 콘텐츠가 생성되고 노출되어야 그 정보를 접하는 고객의 신뢰도도 보호할 수 있다.

이렇게 원칙을 정하면 결정을 내릴 때 도움이 된다. 앞으로 어떤 기능을 개선해야 할지 고민할 때, 원칙 1번이 잘 지켜지고 있는지 자문할 수 있다. 만약 아직 미흡하다면 1번이 잘 이행되도록 자원을 투자하면 된다. 혹은 사업팀에서 특정 제작사와 프로모션을 진행하고 있으니 관람평이 많이 달릴 수 있게 해달라고 제안받을 경우, 이렇게 대답할 수 있다. "저희 원칙 1번과 2번에 따라, 실제로 관람한 고객만이 관람평을 작성할 수 있고, 단순히 수를 많이 늘리는 것보다는 양질의 콘텐츠를 확보하는 것이 중요합니다. 그러니 프로모션의 목적이 관람평 개수만 늘리는 것이라면, 다시 재고하는 게 좋을 듯싶습니다. 고객에게는 실제 관람객이 작성한 양질의 콘텐츠를 노출해야 장기적으로 신뢰를 얻을 수 있기 때문입니다."

PO라면 자신이 책임지고 있는 프로덕트에 대한 원칙을 반드시 정하길 바란다. 단, 새롭게 맡은 프로덕트라든지 신규로 론칭하는 경우라면 시간을 투자해서 최대한 많은 부분에 대해 고민한 후에 원칙을 정해야 한다. 꼼꼼하게 검토하지 않고 원칙을 정해버리면 나중에 방향성을 바꿔야 할 수도 있기 때문이다. 그리고 원칙은 매 분기별로 점검하는 것을 추천한다. 고객과 사업이 요구하는 것들을 종합하여 원칙을 재정비하면 명확한 방향성을 잡을 수 있기 때문이다. 물론, 무조건 분기별로 고칠 필요는 없지만, 검토는 반드시 하도록 한다. 원칙이 잘 유지되면, PO와 협업하는 모든 이들이 프로덕트를 이해하기 수월해진다.

고객의 요청과 회사가 정한
목표가 충돌한다면

"내년 이맘때 코빗이 고객에게 어떤 경험을 제공했으면 좋겠다고 생각하십니까?"

코빗에 입사하자마자 당시 대표이사에게 물었다. 회사의 최종 의사 결정을 담당하는 그분이 머릿속에 그리는 프로덕트를 이해하고 싶었다. 사업적으로 분석한 시장 상황, 경쟁사의 추세, 그리고 회사의 성장 전략 등도 이해하고 싶었다. 회사가 정한 목표를 항상 머릿속에 상기하면, 프로덕트를 개선할 때 방향성을 검증할 수 있기 때문이다.

다시 강조하지만, PO는 회사와 고객의 중심에 있는 존재다. 고객에게 더 나은 경험을 제공하기 위해 집착하는 것도 중요하지만, 사업을 이행하는 회사를 잊지 않도록 한다. 회사가 건강하게 성장해야 고객에게 더 훌륭한 경험을 제공하기 위한 기회가 많아지기 때문이다. PO는 고객과 사업이 필요로 하는 사항을 동시에 고려해야 한다.

PO가 회사의 성장 전략을 짜지는 않는다. 기술 전략을 정립하지도 않는다. PO가 고객만 대변해서도 안 된다. 대신 회사 내 전문가들의 의견을 종합하고, 고객의 목소리를 함께 고려하면서 프로덕트가 어떻게 발전해야 최대한 많은 요구사항을 충족할 수 있을지 고민해야 한다.

프로덕트에 대한 원칙을 정했듯이, 회사도 목표를 문서로 만들어두면 PO에게 도움이 된다. 단기, 중기, 장기 목표가 무엇인지 정하고, 그것을 검증할 목표 수치까지 결정해두면 명확하다. 그리고 그 목표의 타당성도 함께 설명하면 회사의 일원이 목표를 이루기 위해 동참하기 수월해진다. 만약 PO의 입장에서 회사나 조직의 목표가 뚜렷하지 않다면, 나는 그 목표를 설정하는 책임자에게 과감하게 질문을 던진다.

그래서 이직할 때 꼭 물어보는 질문이 회사의 목표에 대한 것이다. 급성장 중인 유망한 스타트업에서 면접을 보던 중에 대표에게 이렇게 설명했다.

"방금 대표님께서 생각하고 계시는 회사의 목표에 대한 설명을 잘 들었습니다. 사실 앞서 진행한 면접에서 기술자와 디자이너에게도 동일한 질문을 했습니다. 회사의 일원이 동일한 목표를 이해하고 있는지 확인하고 싶어서였습니다."

나는 언제나 회사의 목표를 모두가 동일하게 이해하고 있는지 확인하려고 한다. 프로덕트를 직접 만들거나, 혹은 프로덕트를 개선해 달라고 요청하는 입장이더라도, 모두가 사업 방향성을 이해하고 있어야 한다고 믿는다. 그래야 하나의 집단으로 전진할 수 있기 때문이다. 만약 모두가 동일한 정보를 가지고 있지 않다면, PO가 직접 주변에 목표를 상기해줘야 할 수도 있다.

고객의 요청과 사업적인 요구사항 중 하나만 극단적으로 선택하라고 하면 나는 후자를 택할 것이다. 그래서 식스 페이저를 작성할 때도 맨 첫 문장부터 프로덕트가 회사 전체 내에서 어떤 역할을 맡고 있는지 명확하게 명시한다. 회사 전체가 고객을 위한 최상의 경험을 제공하려고 한다면, 그중 한 부분인 프로덕트도 그에 걸맞은 역할을 맡아야 한다. 회사 전체에 대한 유기적인 고려 없이 독단적으로 고객을 위한다는 취지로 방향성을 잡는 건 옳지 않다.

현실적으로 회사는 주어진 자원을 효율적으로 활용하여 궁극적으로는 이익을 추구해야 한다. 그래서 수많은 회사들이 매출과 수익 목표를 설정하거나 장기적인 성장 전략을 수립한다. 회사가 생존하지 못하면 고객에게 최상의 경험을 제공할 수 없기 때문에, PO도 늘 회사의 상태와 목표를 잘 인지하고 있어야 한다.

때에 따라서는 PO의 입장에서 꼭 추진하고 싶은 프로덕트가 생길 수 있다. 그런데 회사의 목표에 당장 부합하지 않는 경우에는 설득을 통해 회사의 마음을 돌리는 방법이 있다. 이때 PO는 단순히 그 프로덕트가 고객에게 어떤 가치를 제공할지에 대해 논의하는 선에서 벗어나 비용, 회사에 끼치는 영향 등을 두루 설명해야 한다. 사업적인 관점에서 논리를 정리하도록 한다. 왜 그런 투자를 해야 하는지 납득시켜야 하기 때문이다.

하지만 논의 끝에 회사에서 반대할 경우, PO는 바로 수긍해야 한다. PO는 회사의 성장 전략과 비용 관리 등을 하는 역할이 아니기 때문이다. 전문가의 판단하에 특정 프로덕트에 대한 투자를 단행할 수 없다고 결정되면, PO는 그 방법을 제외하도록 한다. 어디까지나 PO는 주어진 자원을 활용해서 프로덕트를 개선해야 하는 책임이 있기 때문이다.

프로덕트를 아예 없애기로 회사에서 결정할 수도 있다. 특히 게임 업계에서 타이틀을 개발하다 투자를 접는 경우가 잦다. 구글 같은 큰 회사에서도 실험적으로 프로덕트를 개발하다 중단하기도 한다. 회사는 전체의 목표 달성을 위해 특정 프로덕트를 희생시킬 수 있다. 자원을 더 잘 분배하고 투자하기 위해서다. PO도 회사의 인적 자원이기 때문에, 다른 프로덕트를 도맡아 책임지면 된다.

고객에게 더 나은 가치를 제공하기 위해 집착하는 PO이지만, 회사가 정한 방향성과 목표를 절대로 잊어서는 안 된다. PO가 사업적인 관점을 유지하고, 경영진의 시각을 이해하고 있어야 우선순위를 결정할 때 참조할 수 있다. PO는 단순히 프로덕트를 만드는 사람이 아니라, 고객과 회사 모두가 필요로 하는, 제대로 된 프로덕트를 책임지는 사람이라는 점을 명심하자. 고객에게 계속 최상의 경험을 제공하려면, 회사가 건강한 상태여야 한다. 그래서 PO가 회사의 목표에 부합하지 않은 결정을 내리면, 그 여파는 상당히 크다. 고객의 목소리에 귀 기울이는 것만큼 회사가 정한 목표와 의견에도 집중하도록 하자. 회사가 없으면 고객에게 더 나은 경험을 제공할 기회까지 사라지기 때문이다.

페르소나와 고객을 혼동하지 마라

리서치 및 기획 단계에서 해당 프로덕트를 구매하는 고객을 예상해 페르소나Persona를 설정하는 경우가 있다.

페르소나

- 실제 사용할 거라고 가정하고 만든 프로필이다.
- 이름, 성별, 나이, 직업 등을 구체적으로 정할 수도 있다.
- 페르소나에 맞춰 기획, 디자인 등을 한다.

실제 고객이라고 가정하고 페르소나를 설정하지만, 이는 다음과 같은 이유로 충분하지 않다.

- 특정 페르소나 몇 가지가 전체 고객을 충분히 대변할 거라는 착각을 할 수 있다.
- 페르소나를 올바르게 설정했다는 점을 의식적, 혹은 무의식적으로 증명하기 위해 사용자 테스트UT 결과를 편파적으로 해석할 수 있다.
- 메이커나 유관 부서에 설명할 때, 서로 다르게 주관적으로 해석할 여지가 있다.

고객이 누구인지 파악할 때는, 데이터와 사용 패턴 등을 감안하여 최대한 포괄적으로 접근해야 한다. 다음과 같은 질문을 해보면 도움이 된다.

- 이 프로덕트를 사용하는 사람은 누구인가?
- 개개인이 아닌 법인이나 단체가 이 프로덕트를 사용하는 경우도 있나?
- 사용자는 어떤 가치를 얻으려고 하는가?
- 프로덕트가 그 가치를 직접적으로 제공해줄 수 있나?
- 성공적으로 제공했다는 사실을 데이터로 증명 가능한가?
- 동일한 가치를 추구하는 사용자 집단을 묶을 수 있나?

프로덕트를 사용해서 어떤 가치를 얻으려고 하는지 이해한다면, 역으로 그 가치를 각각 추구하는 사용자들을 하나씩 그룹화할 수 있다. 더 이상 통합할 수 없는 단계까지 도달하면, 그게 PO가 고려해야 하는 고객의 목록이 된다.

3장

데이터 속에서
진실을 찾는 법

자신을 믿지 말고
데이터를 신뢰하라

"스티븐, 여기 보이듯이 두 번째 알고리즘의 테스트 결과가 더 긍정적이에요."

"그런데 첫 번째 알고리즘을 실험했을 때와, 두 번째 알고리즘을 실험했을 때의 시기와 환경이 다르잖아요. 이 둘의 테스트 결과를 이렇게 동일선상에서 비교하는 건 의미가 없어요. 새로운 테스트 방식을 만들어서 데이터를 제대로 비교해야 돼요."

새로운 프로덕트를 맡게 되었을 때, 이미 개발 조직에서는 알고리즘을 실험하고 있었다. 그런데 첫 번째 알고리즘을 실험한 후, 또 다른 알고리즘을 실험하는 방식이 도입되었다. 그렇게 할 경우, 정확한 데이터를 얻을 수 없다는 문제를 제기했다. 분석을 하기 전에, 다루는 데이터의 정확도와 순도에 틀림이 없어야 한다.

PO는 직관에 의존하면 안 된다고 생각한다. 매 결정이 상당히 큰 영향을 끼치므로, 최대한 이성적으로 판단할 수 있도록 데이터에 기반한 사고방식을 갖추도록 한다. 자신이 바라보는 관점이 맞는지, 예상이 맞을지 확인하는 것도 데이터로 검증한다. 그리고 그 데이터가 제대로 된 방법으로 얻어진 것인지 검토하라.

PO는 자신의 생각이 옳다는 것을 증명하려고 데이터를 잘못 해석할 수 있다. 의도적이든 아니든, 정보를 자신의 주장을 뒷받침하는 방향으로 다루지 않도록 하자. 당연해 보이지만, 실제로 이런 실수를 자주 범한다. 다른 이에게 데이터를 공유할 때 솔직해야 한다. 아니, 공유하기 전에 검토하면서 혹시라도 편향된 시각으로 분석한 건 아닌지 자문하길 바란다.

데이터는 최대한 다양하게 수집한다. 전체적인 상황을 이해하기 위해서다. 자신이 책임지는 프로덕트에 관한 데이터만 봐서는 안 된다. 고객에 대한 정보를 넓고 깊게 보도록 한다. 회사의 매출이나 다른 프로덕트 론칭 일정 등도 잘 알고 있어야 한다. 자신이 최근 론칭한 신기능이 다른 프로덕트의 영향을 전혀 받지 않는다는 확신이 없다면, 유기적으로 끼치는 영향을 배제해서는 안 된다.

예를 들어, 음식 배달 앱의 카테고리 화면을 담당하는 PO라고 가정해보자. 이 화면은 고객이 앱을 열어서 들어오면 음식의 대분류를 카테고리별로 노출해주는 곳이다. 한식, 중식, 양식, 피자, 디저트 등 여러 가지의 카테고리를 나눠서 보여준다. 이 중 치킨 카테고리를 눈에 잘 띄는 맨 위로 이동시켰다고 생각해보자.

PO는 이렇게 카테고리를 이동시킨 덕분에 치킨 주문량이 증가했다는 걸 증명하고 싶을 것이다. 실제로 테스트를 통해 검증하는 방법은 뒷장에서 설명한다. 일단, 최근 이렇게 이동하고 나서 보니 갑자기 지난주의 치킨 배달 매출이 증가했다는 데이터가 쌓였다고 가정해보자. 섣부른 판단으로는 치킨 카테고리를 더 잘 보이는 곳으로 이동했기 때문에 고객의 주문량이 높아졌다고 판단할 수도 있다.

하지만 앞서 말했듯이 전체적인 상황을 이해하기 위해 다른 데이터도 살펴봐야 한다. 다음과 같은 질문을 해보면 도움이 된다.

- 마케팅 부서에서 치킨 주문 관련 프로모션을 진행하지 않았나?
- 영업 부서에서 치킨 판매처를 추가하지 않았나?
- 초복이나 중복 같은 복날이 지난주에 있었나?
- 고객 수가 증가하지 않았나?

마케팅 부서에서는 할인 쿠폰 발급 등의 프로모션을 상시 진행할 수 있다. 이런 정보가 미리 사내에서 공유되지 않았다면, 주기적으로 일정을 확인할 수 있는 회의를 잡거나 메일 발송을 요청하는 것이 좋다. 할인 쿠폰 발급 등의 고객 혜택이 일시적으로 증가하면, 당연히 매출도 영향을 받을 수밖에 없기 때문이다. 마케팅 부서에 확인 요청을 하기 전에, 치킨 카테고리의 매출 대비 순수익을 보고 프로모션이 진행되었는지 감을 잡을 수도 있다. 매출이 증가했는데도 순수익이 그만큼 늘지 않았다면, 비용을 써서 매출이 증가한 게 분명하기 때문이다.

만약 고객에게 혜택을 주지 않았다면, 판매처가 많아졌는지도 확인해본다. 편의상 판매처를 벤더Vendor라고 부르겠다. 영업 부서에서 새로운 프랜차이즈와 협약을 맺어 전국적으로 벤더 수가 급증했을 가능성도 있다. 아니면 무슨 이유에서든 벤더들이 개별적으로 가입했을 수도 있다. 이럴 경우 치킨 카테고리의 벤더 수를 그 전주와 대비하여 확인하면서, 벤더당 처리한 주문량을 검증한다. 만약 각 벤더당 처리한 평균 주문량이 그 전주 대비하여 큰 차이를 보이지 않거나 오히려 낮아졌다면, 판매처가 많아져서 주문량이 늘어난 것일 수도 있기 때문이다.

이외에도 특정 시기로 인한 영향을 받는 경우도 있다. 시즈널리티Seasonality라고 부르기도 하는데, 치킨 같은 경우는 초복, 중복, 말복에 판매가 더 늘어날 수도 있다. 이외에도 1인 1닭을 장려하는 9월 9일 치킨 데이도 있다. 월드컵 같은 대국민의 관심을 받는 운동 경기로 인해 주문량이 많아졌을 가능성도 고려하자. 데이터를 분석할 때 이런 외부 요인에도 관심을 갖고 연관성을 확인해봐야 한다.

내·외부 요인이 없었다면 단순히 고객 수가 증가했을 수도 있다. 앱이 앱스토어 메인 화면에 노출되었거나, 입소문 등으로 인해 고객 수가 늘어서 주문량이 많아졌을 가능성이 있다. 이럴 경우 그 전주 대비 고객 수의 증가량, 그리고 고객당 평균 치킨 구매율 등도 확인해본다.

PO라면 자신에게 주어진 데이터를 그대로 받아들여서는 안 된다. "치킨 카테고리 노출이 더 잘되도록 제가 변경했기 때문에 치킨 매출이 올랐습니다"라고 공표하기 전, 그게 얼마나 유효한 결론인지 검증하라.

특히 긍정적으로 보이는 데이터일수록 거짓이라고 가정해본 후 철저하게 파고들어야 한다.

결과라고 여겨지는 데이터가 얼마나 유효한지 의심을 가져야 하는 이유는, 데이터 속에 거짓이 숨어 있기 때문이다. 1종 오류인 거짓 양성 False Positive과 2종 오류인 거짓 음성 False Negative을 감안해야 한다. 이에 대한 예시는 앞 장에서 거론된 영화관의 관람평으로 설명해보려 한다.

- 거짓 양성은 실제로는 음성인데, 데이터상 결과가 양성으로 나오는 경우다. 영화관에서 실제로 관람한 고객이 작성한 관람평만을 노출하기 위한 알고리즘을 만들었다고 가정해보자. 이때 어떤 관람평은 실제로는 고객이 직접 적은 콘텐츠인데, 알고리즘으로 인해 걸러지게 되었다. 이것이 거짓 양성이다. 거짓 경보 False Alarm라고 불리기도 한다.
- 거짓 음성은 실제로는 양성인데, 데이터상 결과가 음성으로 나오는 경우다. 실제로 관람하지 않은 사람이 적은 관람평인데, 걸러지지 않아 노출되는 콘텐츠가 이에 해당된다.

이처럼 PO가 데이터를 분석할 때는, 데이터가 쌓이는 방식도 검증해야 한다. 거짓 양성 또는 거짓 음성을 초래하는 데이터가 지속적으로 쌓이고 있다면, 그간 분석한 결과도 정확하지 않기 때문이다.

나는 새로운 프로덕트를 론칭할 때, 주로 비즈니스 애널리스트 Business Analyst, BA 또는 데이터 애널리스트 Data Analyst라고 불리는 데이터 분석 전문가와 상의한다. 그들이 데이터를 추출하고 리포트 등을 생성하기 때문에, 어떻게 데이터를 쌓아야 하는지, 어떤 방식으로 검증해야 하는지 등을 논의한다. 그런 대화 끝에 정보를 비축하는 데이터 베이스에 변화를 줘야 할 경우, 개발팀과도 함께 회의를 진행한다.

새로운 프로덕트를 선보이지 않더라도, 기존 프로덕트를 관찰하기 위해서 이 절차가 필요하다. 사업 혹은 운영 방침이 조금만 변경되어도, 나는 비즈니스 애널리스트에게 곧바로 알리고 상의한다. 매일 업데이트되어 공유되는 데이터의 본질에 영향을 끼칠 수 있는 상황을 미리 방지하기 위해서다. 그리고 혹시라도 일정 기간 동안 데이터의 정확도가 흐트러질 수 있다고 판단되면, 곧바로 관련된 모든 이들에게 이 사실을 알린다. 예를 들어, 앞으로 2주 동안은 데이터가 새롭게 형식에 맞춰 쌓일 때까지 분석 결과를 참조하지 말라고 경고한다.

프로덕트를 론칭하고 개선하는 것만큼 데이터를 축적하는 방식을 마련하는 것도 중요하다. 고객이 모바일 앱을 사용 중일 경우, 최대한 많은 사용 정보를 축적해두는 것이 도움이 된다. 하지만 쓸데없이 많은 데이터를 축적하면 모바일 앱이나 서비스의 성능이 저하될 수 있다. 그래서 PO는 개발팀과 협의할 때 반드시 봐야 하는 데이터가 무엇인지 고민해야 한다. "고객 행동을 트래킹할 수 있도록 로그를 다 심어두죠"라는 말은 PO가 어떤 데이터가 가장 중요한지 전혀 모르고 있다는 사실을 반영한다. 명확하게 어떤 데이터가 왜 필요한지 명시해서 요청해야 한다.

PO는 데이터를 기본적으로 의심해야 한다. 특히 결론이 너무 긍정적일 경우 더더욱 검증하자. 데이터가 제대로 쌓였는지도 확인해야 한다. 불필요한 요소가 섞여 있을 수도 있기 때문이다. 이것을 노이즈 Noise(오류나 변질로 인해, 전체 데이터를 왜곡하거나 판단하기 어렵게 만드는 정보)라고 부른다.

예를 들면, 앞서 말한 초복, 중복, 말복 때문에 치킨 판매량의 트렌드가 변경된다면, 그것은 시기에 따른 노이즈가 있다는 증거다. 이런 경우는 수도 없이 많다. 황금 연휴 기간이 길어서 수많은 사람들이 해외 여행을 떠나버리면 특정 서비스의 사용률은 평소보다 떨어질 수 있다. 혹은 서비스 도중 기술적인 오류가 발생했다면 그날의 데이터는 참조만 하는 것이 현명하다. 전체적인 그림을 명확하게 이해하기 위해 이런 노이즈의 존재 여부를 확인하는 것도 PO의 책임이다. 절대로 개발자나 비즈니스 애널리스트가 그런 점까지 짚어줄 거라 예상하고 의존하지 말자.

풍부한 데이터 속에서는 여러 가지 인사이트를 추출할 수 있다. 그리고 그런 정보로 훌륭한 결단을 내릴 수도 있다. 하지만 PO는 자신의 눈을 전적으로 믿지 말아야 한다. 데이터를 뜯어보고 또 보고, 데이터가 축적되는 방식까지도 검증하도록 한다. 오랜 기간에 걸쳐 확인한 데이터더라도, 그게 진정으로 진실을 대변하는지 주기적으로 의문을 가지자. 데이터의 신뢰도를 실험하고, 노이즈를 파악하며, 전체적인 그림을 그릴 수 있게 된다면 PO는 더더욱 진실에 가까운 위치에서 프로덕트를 개선할 수 있게 된다.

대시보드를 통해
정기적으로 확인하라

"WBR 같은 건 없나요?"

"매출 데이터 같은 거 말씀이신가요?"

"매출뿐만 아니라 유저 수, 가입자 수 같은 데이터를 모두 볼 수 있는 대시보드가 있나요?"

코빗에 입사하자마자 나는 며칠에 걸쳐 모든 직원과 1 대 1 면담을 진행했고, 그중 데이터를 담당한다는 직원에게 대시보드Dashboard가 있는지 물어봤다. 나는 전사의 사업 및 운영 관련 데이터가 태블로Tableau 같은 툴을 사용해 대시보드로 만들어져 모니터링되고 있을 거라 예상했었다.

PO는 주기적으로 데이터를 확인해야 한다. 보고 싶을 때마다 데이터를 추출해서 보는 것은 비효율적이기 때문이다. 주기적으로 검토하는 데이터는 일별, 주별, 월별로 집계되어 주로 매일 일 회씩 자동 업데이트되어 화면에 노출되면 도움이 된다. 나는 이런 화면을 대시보드라고 부른다.

요즘 기업들은 통상적으로 미국 태블로 사가 만든 툴로 대시보드를 생성·관리한다. 이런 툴로 대시보드를 만들려고 한다면 전사적으로 축적되고 있는 데이터를 모아서 처리해주는 데이터 마트Data Mart도 필요하다. 각 기업별로 다른 구조로 관리하지만, 기본적으로 데이터를 기록, 축적, 추출, 정제하고, 시각화 및 자동 반복하는 작업이 필요하다.

"나의 일은 모든 걸 자동화해서 내 존재의 필요성 자체를 없애는 거라고 생각해."

나와 친한 동갑내기 외국인인 비즈니스 애널리스트가 말했다. 그와 나는 상당히 오랜 기간 같은 프로덕트를 전담으로 맡으며 콤비처럼 데이터를 들여다봤다. 그는 PO가 확인해야 하는 데이터를 단기간에 추출하는 것에서 머무르지 않고, 적절하게 확인할 수 있도록 시각화하며, 매일 특정 시간에 자동 업데이트까지 하는 작업에 숙련되어 있었다. 한 번 만든 대시보드를 웬만해선 다시 수정하지 않아도 될 정도로, 혼신을 다해 만든 다음 자동화했다. 그래서 그는 궁극적으로 자신이 더 이상 필요하지 않게 만드는 게 자신의 임무라고 말한 것이다.

PO 입장에서는 이런 애널리스트와 함께 일하는 것 자체가 축복이다. 왜냐하면 원하는 시점에 프로덕트와 사업에 관한 최신 데이터를 늘 확인할 수 있어야 하기 때문이다. 완벽하게 시각화되어 있고, 과거 데이터를 자유자재로 일별, 주별, 월별, 그리고 연간 단위로 검토할 수 있으면 다양한 관점에서 분석할 수 있다.

나는 PO가 다음 두 가지 사항은 반드시 기본적으로 진행해야 한다고 믿는다. 이 두 가지를 하지 않을 경우, 프로덕트에 관한 데이터를 효율적으로 검토할 수 없다.

1. 주요 대시보드 만들기

매일 수시로 확인해야만 하는 지표를 정하고, 그걸 볼 수 있는 대시보드를 생성하라. 앞서 설명한 대로 이건 PO 혼자서 하기엔 어렵기도 하고, 할 수 있어도 직접 만들어서는 안 된다고 생각한다. 데이터를 직접 추출하고 태블로 같은 툴로 시각화까지 할 수 있는 것은 뛰어난 능력이지만, 그건 PO의 주된 업무가 아니다. PO는 추출된 데이터를 가지고 분석한 다음, 결정을 내리는 것에 자신의 자원을 투자해야 하기 때문이다.

주된 지표를 정한 후에는 애널리스트 등의 도움을 받아 대시보드를 생성한다. 물론 데이터가 축적되고 있다는 가정하에 가능하다. 만약 데이터가 축적조차 되고 있지 않다면, 개발팀과 데이터 엔지니어의 도움이 필요할 수 있다. 아무튼 매일 확인해야 하는 지표를 결정한 다음, 그것을 어떤 형태로 확인하고 싶은지 애널리스트와 협의하도록 한다. 일별로 확인해야 하는지, 아니면 주 또는 월 단위로 보여주면 되는지 알려준다. 그리고 세부 데이터를 어디까지 보고 싶은지 결정을 내려야 한다.

예를 들어보자. 앞서 설명한 영화관의 관람평 서비스와 관련된 지표를 확인한다면, 이런 것들을 기본적으로 추적할 듯싶다.

- 양(관람평 수)
  - 일별
  - 주별
  - 월별
  - 누적치
  - 전주 대비 변화 %
  - 전달 대비 변화 %
  - 당월 합계 Month-to-Date, MTD

- 퀄리티(평균 관람평 길이)
  - 일별
  - 주별
  - 월별
  - 전주 대비 변화 %
  - 전달 대비 변화 %
  - 당월 합계 Month-to-Date, MTD

- 참여도(관람객 대비 작성자 비율)
  - 일별 작성자 수
  - 주별 작성자 수

- 월별 작성자 수

- 일별 관람객 / 작성자 비율

- 주별 관람객 / 작성자 비율

- 월별 관람객 / 작성자 비율

- 악용(관람평 대비 악용 건 비율)
  - 일별 악용 콘텐츠 수

  - 주별 악용 콘텐츠 수

  - 월별 악용 콘텐츠 수

  - 일별 악용 콘텐츠 비율

  - 주별 악용 콘텐츠 비율

  - 월별 악용 콘텐츠 비율

이런 기본적인 데이터만 봐도 주기적인 트렌드를 확인할 수 있다. 각 항목별로 시각화를 통해 그래프를 만든다면, 보다 쉽게 파악이 된다. 그리고 좀 더 나아가 각 항목별로 세부사항을 정의하고 추가 데이터를 추적하면 된다.

이를테면, 단순하게 모든 관람평의 수를 통틀어 보지 않고, 상세 관람평, 별점만 준 관람평 등으로 세분화할 수 있다. 참여도 또한 관람평을 처음 작성해본 신규 작성자, 최근 일정 기간 내에 작성한 기록이 있는 작성자 등으로 나눠볼 수 있다. 악용 건수도 똑같은 콘텐츠를 반복적으로 작성한 경우, 혹은 특정 영화에만 부정적인 평을 남기는 작성자 수 등의 부수적인 데이터로 분류해서 보는 게 가능하다.

2. WBR 만들기

위와 같이 대시보드를 각기 다르게 만들 경우, 세분화된 데이터를 확인하는 데 유용하다. 하지만 PO가 개발팀이나 상사, 혹은 다른 유관 부서와 함께 프로덕트에 대한 트렌드나 특이사항을 공유하기에는 필요 이상으로 상세하다. 그래서 나는 별도의 대시보드나 문서를 만든다.

이것을 WBR라고 부른다. '주간 실적 분석Weekly Business Review'이라고 부르는 문서를 만들고 매주 관계자들을 모아 30분에서 한 시간 정도 회의를 하면 모두에게 큰 도움이 된다. 목적은 프로덕트와 관련한 최근 변동사항, 그리고 현재 문제점을 파악하기 위한 것이다. 주로 회의가 소집되면 두 장 이하의 WBR 문서를 각각 몇 분 동안 훑어본 후, 특이 사안에 대해 서로 질의응답을 한다. 이런 회의의 목적은 최대한 신속하게 문제점을 공유하고, 그에 대한 대응 방안을 도출하는 것이다.

나는 WBR 문서에 다음과 같은 내용을 포함한다.

- 주요 요점Key Call-Outs: 지난 WBR 회의 후에 일어난 주요 사안만 몇 가지 명시한다.
- 프로덕트 목표Product Goals: 프로덕트를 통해 분기 또는 연간 달성하고자 하는 목표를 적는다. 구글 등에서 사용하는 OKRObjectives & Key Results 방식을 도입한 회사라면, 해당 분기의 OKR을 기입한다. 달성해야 하는 목표를 상기시키고, 그에 맞춰 대응 방안을 도출하기 위해 필

요하다.

- 주요 지표Key Metrics: 대시보드에서 넘쳐나는 데이터 중 꼭 중요한 것들만 선별한다. 일별 데이터는 보여주지 않고, 주별 데이터도 최근 3주치 정도만 보여준다. 월별 수치도 최근 2~3개월 것만 기재해도 무관하다. 한눈에 어느 영역에 문제가 있는지, 어느 부분이 잘되고 있는지 확인할 수 있을 정도면 된다.

이런 문서를 기반으로 회의 참석자들은 어디에 집중해야 하는지 파악할 수 있다. 만약 영화 관람평 수가 급증했다면, 그 이유를 물을 수 있다. 반대로 관람평 수가 현저히 줄었다면, 언제부터 왜 변화가 발생했는지 서로 논의할 수 있다. 그리고 다시 그 수치를 정상으로 올려놓기 위해서 어떤 노력을 해야 하는지 협의가 가능하다.

WBR 문서는 단순히 현재 상태를 보여주기 위한 것이 아니다. 만약 그렇게 한다면, 참석자들의 시간만 낭비하게 된다. WBR 문서는 집중해서 파악해야 할 부분을 예리하게 짚어서 확인하고, 해결책을 도출할 수 있도록 도와주는 것이다.

정리하자면, PO는 수시로 데이터를 확인해야 한다. 이를 위해 데이터 전문가의 도움을 받아 적절한 대시보드를 만들어서 언제든지 현상을 파악하도록 하자. 그리고 WBR 문서를 별도로 만들어 개발자를 비롯한 모든 메이커들, 그리고 유관 부서원들과 문제점을 논의하도록 한다. PO에게는 주기적으로 데이터를 볼 수 있는 환경이 주어져야 하며,

여건이 마련되지 않을 경우 PO가 책임지고 추진한다. 데이터를 효율적으로 축적하고 추출해서 분석까지 하는 것은 제대로 된 프로덕트를 만들기 위해 필수적인 요소이기 때문이다.

행동을 부르지 않는
데이터는 버린다

"스티븐, 배송 효율이 상대적으로 낮은 경우를 찾아보려고 분석을 해봤어요."

"그래요? 오후 회의 때 자세하게 설명해줄 수 있겠어요?"

데이터 과학자 한 명이 자발적으로 분석을 해봤다며 오전 회의 때 알려줬다. 내가 먼저 문제를 꺼내지 않았는데도 스스로 새로운 접근을 시도하려고 노력해준 것이 고마웠다. 어떤 결과를 공유해줄지도 궁금해서 매주 주기적으로 데이터 사이언스 팀과 함께 논의하는 자리에서 설명해달라고 부탁했다.

"상세하게 알려줘서 고마워요. 이제 충분히 이해했어요. 그런데 제가 한 가지만 덧붙여도 될까요?"

약 15분가량 질의 시간을 가진 후에 조심스레 말을 꺼냈다. 자존심이 상하지 않는 선에서, 꼭 이 말을 해줘야 할 것 같았다.

"자발적으로 분석해줘서 감사해요. 특히 최근에는 주말에도 스스로 과제를 만들고 있잖아요? 오늘도 새로운 관점으로 문제에 접근해줘서 제가 참조하는 데 많은 도움이 됐어요. 그런데 저는 모든 데이터 분석의 결과는 '액셔너블'해야 한다고 믿어요. 도움이 되는 분석은, 데이터를 통해 얻은 인사이트를 토대로 그다음 어떤 행동으로 옮겨야 하는지 명확하게 제시해야 한다고 생각해요."

나는 데이터 분석의 결과가 두 가지로 분류된다고 본다. 단순히 참조할 수 있는 것과, 곧바로 어떤 행동으로 옮겨 무언가를 바꿀 수 있게 해주는 것. '액셔너블Actionable'한 데이터는 PO가 무엇을 어떻게 고쳐야 하는지 제시해준다.

"기본적으로 폭넓은 분석을 했으니, 비용 절감이라는 목표에 맞춰 그다음 단계를 세분화해 보면 어떨까요? 우리가 당장 집중해서 해결할 수 있는 이슈를 함께 찾아보죠."

그 데이터 과학자가 제시한 결과는 상당히 광범위했다. 당장 어떻게 알고리즘을 개선해야 할지 알 수가 없었다. 물론 현재 배송 현황을 전반적으로 파악하는 데는 도움이 됐다. 하지만 그 분석을 통해 우리가 어떻게 효율성을 극대화할 수 있는지는 도출하기 어려웠다.

PO는 모든 자원을 효과적으로 활용해야 한다. 특히 시간만큼 귀한 자원은 없다. 박사 학위를 받은 데이터 과학자는 비교적 높은 연봉을 받고 있기 때문에, 불필요한 분석을 하는 데 시간을 할애하지 않도록 도와주는 것이 좋다. 액셔너블한 데이터를 기반으로 알고리즘을 개선할 수 있도록 PO가 방향성을 지속적으로 제시해야 한다.

데이터 과학자가 아니더라도, 비즈니스 애널리스트나 개발자가 데이터 추출에 도움을 줄 수 있다. 그러려면 그들이 구체적으로 어떤 데이터를 뽑아야 하는지 알려주도록 한다. 나는 분석 결과를 어떤 그래프로 표현해주면 좋을지, 테이블을 몇 개의 열로 나눠서 어떤 수치를 넣어줬으면 하는지 등을 최대한 상세하게 알려주려고 노력한다. 최소한 내가 무엇을 보고 싶어하는지 그 의도만큼이라도 명확하게 전달하려 한다. 액셔너블하지 않은 데이터를 뽑고 가공하는 데 그 누구의 자원도 허비하고 싶지 않기 때문이다.

그렇게 도출된 결과물을 공유해주는 자리에서 나는 데이터를 보며 계속 한 가지 질문을 속으로 되묻는다: '그래서 뭐?' 조금 더 풀이하자면, '그래서 우리가 무엇을 할 수 있지?' 같은 질문을 던진다. 매 분기, 내가 맡은 프로덕트는 구체적인 목표를 설정해놓고 있다. 그걸 달성하기 위해 무엇을 고칠 수 있는지 데이터를 통해 확인해야 하는데, 이러한 질문에 명확한 답이 나오지 않는 데이터는 과감하게 무시해야 한다.

예를 들어, 수백만 명이 사용하는 택시 호출 서비스를 운영 중인데, 갑자기 매출이 그 전주 대비 상당히 많이 떨어졌다고 가정해보자. 그런데 지난주가 추석 연휴 기간이었다. 이때 스스로에게 '그래서 뭐?'라는 질문을 던져보면 어떤 대답을 얻을 수 있을까?

추석 연휴 기간에는 당연히 사용률이 저조해질 수 있다. 2019년 추석 연휴 기간 동안 인천공항을 사용한 여행객 수는 하루 평균 약 18만

명 정도였다. 강남 고속버스 터미널에서만 15만 명이 귀성길에 올랐고, 연휴 기간 내에 제주도에만 19만 명이 방문했다. 사용자들이 일시적으로 거처가 아닌 다른 곳으로 대거 이동해버렸기 때문에, 사용률과 매출이 떨어질 수밖에 없다.

'그래서 뭐?'

사용률이 떨어졌다고 무엇을 할 수 있을까? 계절성 변화이기 때문에 추석 연휴가 끝나면 다시 회복될 가능성이 높다. 서울에서 다른 지역이나 나라로 떠난 사용자들이 돌아올 때까지 기다려야 한다. 일시적으로 매출이 떨어졌다고 무언가를 개발할 수도 없는 노릇이다. 그래서 이런 데이터는 액셔너블하지 않다. 당장 행동으로 옮겨 고칠 수 없기 때문이다.

매출이 그 전주 대비 많이 떨어졌다고 다시 한 번 가정해보자. 그런 데이터를 보고 도출할 수 있는 결과는 총 세 가지로 분류할 수 있다.

1. 액셔너블하지 않은 데이터: 추석 연휴 기간의 수치 변화처럼, 그 어떤 노력으로도 효과적으로 고칠 수 없는 이슈가 있다. 택시 업계가 단기간 파업을 했을 수도 있다. 심지어 통신사 장애 때문에 핸드폰 사용이 일시적으로 불가능한 경우도 있다. 이런 데이터는 참조만 하고 과감하게 무시하자. 매출이 떨어졌다고 놀랄 필요도 없다. 섣불리 액션을 취하지 말아야 한다.

2. 액셔너블한 데이터: 추석 같은 연휴가 아닌데 매출이 줄어든 상황이라면, 원인을 파악해야 한다. 혹시 해당 주간에 시스템 에러가 발생

해서 고객이 택시 호출을 할 수 없었나? 그럼 그 시스템 장애가 왜 발생했는지 파악하고, 개발팀과 다시 재발하지 않을 방법을 논의한 후 하루 빨리 개선해야 한다.

만약 매출이 줄어든 것만큼 경쟁사의 시장 점유율이 증가한 경우라면? 경쟁사가 새로운 기능을 출시했거나 프로모션을 진행했다면, 그것이 고객의 마음을 어떻게 움직였는지 분석하라. 고객 경험을 개선할 방법을 신속하게 찾아야 한다.

데이터를 보고 시스템 구조를 변경하거나 고객 경험을 개선할 방안을 찾는 것은 액션이다. 이런 액션을 취하게 도움을 주는 액셔너블한 데이터에 집중해야 한다.

3. 이미 액션을 취해 대응하고 있는 데이터: 매출이 떨어지는 트렌드를 몇 주 전 파악한 후, 고객 경험을 개선하기 위해 노력 중이라면 그 매출 데이터는 참조용이다. 새로운 기능을 실은 앱 업데이트가 다음 주에 예정되어 있을 경우, 그 사실을 인지하고 인내심을 가지고 지켜보라. 데이터를 볼 때는, 개발이나 사업적인 측면에서 어떤 액션이 취해지고 있는지 알아야 한다. 그런 배경지식을 가지고 봐야 당장 액션을 취해야 하는 데이터인지 아닌지 파악할 수 있다.

PO는 다양한 데이터를 접할 수밖에 없다. 옆에서 개발자나 애널리스트, 데이터 과학자가 다양한 데이터를 제시할 수도 있다. PO는 데이터를 단면적으로 보지 않아야 한다. 그리고 자신을 포함한 모든 이들이 쓸데없는 이슈를 파악하는 데 시간을 낭비하지 않도록, 데이터가 액셔너블한지 아닌지 재빨리 알아내야 한다.

데이터를 보면서 '그래서 뭐?'라고 물어본 후, 당장 액션을 취할 수 없는 문제라면 데이터를 무시하는 결단을 내리자.

○ ○ ○ ○ ● ○ ○

가설을 세우고 조직의
방향성OKR까지 관리하라

"스티븐, 도대체 이걸 어떻게 증명하지?"

"그러니까. 노이즈가 너무 많아. 고객이 이 동영상을 봤기 때문에 구매했다고 가정할 수 없잖아."

나와 친한 동갑내기 외국인 애널리스트와 모니터를 앞에 두고 머리를 굴리고 있었다. 우리는 이미 반 년 만에 몇 개밖에 없던 상품평을 수천만 개로 늘렸고, 다른 고객이 직접 촬영한 양질의 사진을 상품평과 함께 노출할 경우 구매 결정에 큰 도움을 준다는 걸 증명했었다. 별점보다는 상세한 글, 글보다는 사진, 그리고 사진보다는 동영상이 더 효과적이라고 생각하고 개발을 준비하고 있었다. 그런데 동영상 상품평 서비스를 제공하려면, 그게 정말 고객에게 필요하다는 걸 증명해야 했다.

"일단 동영상을 몇 초 이상 봤을 경우에만 그 콘텐츠를 소비했다고 가정할 수 있지 않을까?"

"몇 초라고 선을 긋기엔 애매해. 20초짜리 동영상을 10초까지 보는 것과, 2분짜리 동영상을 10초만 본 것은 분명한 집중도의 차이가 있잖아? 동영상 길이 대비 비율로 정하면 어떨까?"

"그럼 동영상 상품평을 보고, 다른 상품을 더 구경하다가, 다시 돌아와서 장바구니에 넣었을 경우에는?"

"로그아웃을 하지 않은 상태로, 동일 세션(앱을 사용하다 다시 나가기 전까지의 시간) 내에서 일어난 일이라면 괜찮아. 그런데 동영상 때문에 구매 결정을 내린 건지, 아니면 글이나 사진 때문인지 어떻게 구분하지?"

우리는 계속 서로에게 질문을 던지며 확신을 얻고자 노력했다. PO는 단순히 직감만으로 개발 결정을 내릴 수 없다. 모든 이를 설득할 수 있도록 가설을 만든다. 사진보다 동영상이 더 많은 정보를 제공하기 때문에 고객에게 도움이 될 거라는 생각을 당연하게 여겨서는 안 된다.

가설은 PO의 생각을 증명하기 위해 꼭 필요한 수단이다. 아무리 논리적으로 접근하고 설득해도, 테스트와 데이터를 통해 증명할 방법을 마련하지 못하면 개발에 착수하지 않아야 한다. PO의 제안이 틀렸는지 증명하고, 당장 기능을 제거해야 하는지 결정 내릴 잣대가 있어야 한다. 가설과 그걸 증명할 테스트가 필수인 이유다.

"우리가 동영상 상품평 기능을 선보일 경우, 동영상 상품평이 게시된 상품의 구매율이 n퍼센트 증가할 거라 예상합니다."

나는 개발을 시작하기 전, 개발자와 UX 디자이너가 모인 회의에서 설명을 하기 시작했다. 구체적으로 어떤 고객을 대상으로 테스트할지, 그 기간은 얼마나 잡을지, 그리고 어떤 데이터의 불확실성을 제거할지 모두 공유했다. 나는 PO 개인의 발상으로 개발 방향을 좌지우지하는 것은 옳지 않다고 믿는다. 그래서 개발물의 중요도나 규모와 상관없이, 가설을 수치로 설정하고 배경 정보를 최대한 알려주려 노력한다.

PO는 문제를 해결해야 하는 존재다. 하지만 한 명의 인간으로서, PO는 자신의 생각이 옳다고 믿고 싶어 할 수 있다. 그래서 종종 PO들은 자신도 모르게 어떤 방향성에 치우쳐, 개발 리소스를 그걸 증명하는 데 활용하는 실수를 범하기도 한다. 이런 자기 중심적인 방식을 최대한 배제하기 위해서 PO는 가설을 설정하는 데 많은 노력을 기울여야 하는 것이다.

늘 이성적으로 문제를 바라봐야 진정으로 그걸 해결할 수 있다. 개인의 감정, 자신의 바람 등을 철저하게 배제하고 중립적인 자세로 가설을 도출하라. 그리고 그 가설을 증명할 수 있는 방법을 꼼꼼하게 검토하자. 데이터에 노이즈가 있다면, 반드시 제거해야 한다. 노이즈 때문에 자신의 가설이 맞는 것처럼 보일 수도 있으니, 명확한 결과를 얻기 위해 치밀하게 검증하길 바란다.

여행 상품을 판매하는 사이트를 개발했다고 단순한 예를 들어보자. 그리고 큰 투자를 단행하여 각 여행지의 실제 모습을 360도로 촬영해서 상품 판매 페이지에 기재하는 기능을 추가한다고 가정해보자. 단순히 "360도로 촬영된 콘텐츠를 상품 판매 시에 노출시키면, 구매율이 높아질 겁니다"라고 가설을 설정하면 충분할까?

이 기능을 5월경에 론칭하면 마치 이 기능이 엄청난 성과를 낸 것처럼 보일 수도 있다. 여름 휴가철이 다가오면 매출이 증가할 것이기 때문이다. 동일한 기능을 설이 지난 2월에 론칭한다면? 비수기라 매출이 저조할 텐데, 기능이 무의미하다고 얘기할 수 있을까? 어찌 되었건 계절성 특징을 배제하여 데이터의 노이즈를 제거하는 방식으로 테스트를 고안해내야 한다. 론칭 전과 후를 비교하기보다는, 고객군을 최소 두 개로 나눈 후 동일한 기간 동안 한쪽에만 기능을 제공해서 각각의 상품 구매율을 비교해보는 것도 하나의 방법이다.

단순하게 구매율이 높아진다고 말하기보다는 다음과 같이 팀원들에게 설명하면 한결 이해하기 수월하다.

동일 상품 페이지에 최소 3번 이상 방문하면서 최소 5분 이상 체류하다 세션을 종료하는 고객층이 지난 30일간 2만 3천 명 있습니다. 그리고 그들 중 25.8%는 곧바로 검색 사이트로 옮겨가는 것으로 보아, 구매 결정에 필요한 추가 정보를 원하는 것으로 생각됩니다. 그들에게 실제 여행지에서 계절마다 360도로 촬영한 자체 콘텐츠를 제공하면 구매를 망설이게 하는 불확실성을 줄여줄 것이며, 상품 구매율이 8% 증가할 거라 예상합니다.

이 가설을 증명하기 위해, 최근 30일 내 동일 상품 페이지를 3번 이상 방문한 고객을 두 그룹으로 나눠, 한쪽에만 새로운 기능을 제공할 예정입니다. 이 테스트는 50% 대 50% 비율로 총 7일간 진행할 예정이며, 검증에 사용될 주요 지표는 상품 구매 전환율, 매출 기여도, 360도 촬영 콘텐츠 소비율 등입니다.

이렇게 큰 틀에서 무엇을 증명하고자 하는지 가설로 설명해주면, 다른 이들이 이해하기 쉽다. 이 과정을 생략할 경우 PO는 물론, 조직 전체가 방향성을 잃을 것이다.

기능별 가설을 설정하는 것에서 벗어나, 가설을 기반으로 조직의 방향성까지 관리하는 방법도 있다. 인텔의 CEO였던 앤디 그로브가 창안하고, 유명 벤처 펀드 클라이너 퍼킨스의 파트너이자 구글의 투자자인 존 도어 덕분에 널리 알려진 OKR 방식이다.

Objective & Key Results(목표와 핵심 결과)의 줄임말인 OKR은 회사 전체의 목표와 직원 개개인의 목표를 맞추기에 효과적이다. 매 분기마다 회사의 목표를 약 세 개 정도 설정한다. 그리고 그 목표를 달성했는지 확인하기 위한 핵심 결과를 수치화한다. 목표는 구체적인 액션이어야 하며, 핵심 결과는 무조건 수치로 검증할 수 있어야 한다. 오프라인 매장까지 운영하는 푸드 테크 기업의 OKR을 예로 들어보자.

- **목표 1: 자동화를 통해 운영 비율을 줄인다**
  └ 핵심 결과 1
  - 오프라인 매장 재고 및 구매 예측 데이터를 기반으로 출고 물량을 최적화해, 매장에서 물류센터나 폐기센터로 환송하는 물량을 주당

32만 개에서 12만 개로 62.5% 줄인다.

└, 핵심 결과 2

- 물류 센터에서 출고하는 과정 중 도착지별로 분류하는 공정을 자동화 기계로 대체하여 상시 상주 인력을 일당 200명에서 40명으로 80% 줄인다.

이런 목표를 세 개에서 다섯 개 정도 설정한 후, 각 조직별로 이를 달성하기 위한 OKR을 각각 작성한다. 데이터 분석 조직은 구매 예측 모델을 확실하게 만드는 목표를 잡고, 정확도를 핵심 결과로 설정해야 할 것이다. 시설 설비 팀은 자동화 기계를 설치하기 위한 목표를 세워야 하며, 인사팀은 현장 상주 인력 절감 시 발생할 문제를 최소화하기 위한 준비를 목표로 삼아야 한다.

각 조직의 일원인 직원들도 제각각 이뤄내야 하는 목표를 개별 OKR로 설정한다. 이렇게 하면 회사의 모든 구성원과 조직이 큰 목표를 향해 세분화된 핵심 결과를 책임지게 된다.

OKR 방식을 활용하는 주요 기업들은 OKR을 설정하기 위해 상당히 많은 공을 들인다. 핵심 결과 하나하나가 매우 정교한 가설이어야 하기 때문이다. 클라이너 퍼킨스의 존 도어나 구글은 핵심 결과가 달성하기 어려울 정도로 높게 잡혀 있어야 한다고 말한다. 어찌 되었건, 목표의 달성 여부를 확인하기 위한 핵심 결과를 정할 때는 심혈을 기울여 데이터를 살펴야 한다.

그래서 PO가 설정하는 OKR이 굉장히 중요하다. 개발팀과 같은 관련 조직은 PO가 조직과 스스로를 위해 정하는 핵심 결과를 토대로 정하기 때문이다. PO가 고안하는 방향성과 일치해야 하기 때문에, 매 분기마다 OKR을 설정하는 시기에는 PO가 다양한 데이터를 분석하여 일관성 있는 목표를 제시한다.

"그래서 스티븐, 당신은 어떤 문제를 해결하고 있나요? 달성하고자 하는 목표가 뭐예요?"

외국에서 잠시 한국에 들른 PO와 처음 만나 저녁 식사를 하러 향하던 길에 그가 대뜸 물었다. 불과 일 분 전에 서로 악수를 나눴을 뿐인데, 발걸음을 옮기며 제일 먼저 던진 질문이 가설에 관한 것이었다. 이처럼 프로덕트를 담당하는 PO는 자신이 어떤 가설을 설정했고, 그걸 왜, 그리고 어떻게 증명해야 하는지 명확하게 알아야 한다. 그가 나에 대한 소개 요청 대신 가설에 관한 질문을 한 것은 아마도 이것이 PO가 존재하는 핵심 이유이기 때문일 것이다.

회사나 조직의 방향성을 정할 때든, 하나의 작은 기능을 고객에게 선보이기 전이든, PO는 이성적인 가설을 공표해야 한다. 다양한 관점에서 고민하고, 데이터를 분석하고, 검증 가능한 가설을 공표해야 PO 자신은 물론, 주변의 모든 이들이 일관성 있게 프로덕트를 만들 수 있다. 궁극적으로 고객도 더 확실하게 개선된 경험을 누릴 수 있게 된다.

리스크를 최소화하기 위한
데이터 검증법

"그런데 스티븐, 당신이 론칭하는 기능 때문에 수치가 나아졌다는 걸 어떻게 증명할 거예요?"

"동시에 테스트하는 다른 기능들과 어떻게 분리해서 상관관계를 볼 예정이냐는 질문이죠?"

"맞아요, 직접적인 기여도를 검증하면 좋을 텐데, 생각해봤어요?"

"안 그래도 테스트 일정을 조정할 수는 없어서 애널리스트와 논의하던 중이었어요."

배송 경험 관련 목표를 달성하기 위해 여러 팀이 다양한 기능을 선보이고자 테스트를 계획하고 있었는데, 그중 PO 한 명이 나에게 질문을 했다. 각자 테스트하려던 기능이 하나씩만 있었다면 지표에 끼치는 영향을 바로 확인할 수 있었을 텐데, 여러 가지가 동시다발적으로 적용될 예정이라 서로 꼼꼼히 준비해야 했기 때문이다.

가설을 공표한 뒤에 PO는 수치를 검증할 준비를 한다. 직접 데이터를 뽑아서 가공하는 PO는 그리 많지 않으니, 미리 애널리스트와 논의하고 테스트하는 도중에 수시로 데이터를 확인할 수 있는 환경을 만들도록 한다. 언제든지 상사나 다른 부서, 혹은 함께 개발한 팀원들이 테스트가 잘 진행되고 있는지 물어볼 수 있다. 테스트 도중 문제가 발생할 경우를 대비하여 상시 모니터링을 하기 위해서도 필요하다.

앞에서처럼 한 가지 수치에 연계된 테스트가 동시다발적으로 진행될 수밖에 없다면, 몇 가지 방법으로 이를 해결할 수 있다.

첫 번째는 테스트 일정을 바꾸는 것이다. PO는 자신의 기능이 제일 중요하다고 생각할 수 있지만, 전사적 관점에서 보면 분명 우선적으로 적용되어야 하는 기능이 있을 것이다. 다른 PO의 기능이 먼저 테스트를 거쳐야 한다면, 자신의 테스트를 미루는 것도 하나의 방법이다.

그게 불가능할 경우, 테스트 대상을 조정할 수도 있다. 대상 고객을 분류하여 각기 다른 테스트를 적용하는 건 가능하다. 예를 들어, 그룹 한 곳에는 여성 중에 서비스를 일주일에 5회 이상 사용하는 고객만 모을 수 있고, 다른 그룹에는 남성 중에 구매를 1회 이상 해본 고객으로만 구성할 수도 있다. 물론, 혹시라도 두 그룹에 모두 포함되는 대상이 있을 경우, 테스트 대상에서 제거하는 것이 옳다. 하지만 이 샘플 테스트 결과를 고객 전체 대상으로 적용했을 경우 어떤 결과가 초래될지 예측하기에는 충분하지 않다. 그래서 테스트 대상을 선정할 때에는 매우 신중해야 한다.

만약 오프라인 매장이나 현장이 있는 기업이라면, 테스트를 진행하는 장소를 한정 지을 수 있다. 한 가지 기능은 한 곳의 오프라인 매장에 적용하고, 다른 기능은 또 다른 매장에 접목시켜 테스트 결과를 지켜볼 수 있다. 단, 추후 전국 매장에 적용할 경우, 테스트 당시에 확인하지 못했던 변수가 발생할 수도 있다.

이렇게 분류하기 어렵다면, 전체에 테스트를 진행한 후 데이터 분석을 통해 상관 관계를 확인한다. 상관 관계를 증명하기 위해 P값P-Value을 확인해야 하는데, 이에 대해서는 9장에서 더 자세히 다루겠다.

"스티븐, 우리는 유의미한 로그Log가 없어요."

"고객이 웹사이트를 사용하는 기록을 하나도 안 남기고 있어요? 어떤 페이지를 봤는지, 그런 걸 하나도 안 보고 있단 말이에요?"

코빗에 입사하자마자 면담을 하던 중, 한 외국인 개발자가 말해줬다. 로그란 웹사이트나 모바일 앱을 개발할 때 사용자가 어떤 선택을 하는지, 어떤 텍스트를 입력했는지, 한 페이지에 얼마나 체류했는지 등을 알 수 있도록 심어두는 기록용 코드다. 하지만 코빗은 실제 고객이 웹사이트상에서 무엇을 하고 있는지 거의 모르고 있었다. 단지 몇 건의 암호화폐 거래 주문이 생성되었고, 몇 건이 체결되었는지 등만 알 수 있었다.

고객을 대상으로 새로운 기능을 테스트할 때, 고객의 행동 변화를 트래킹Tracking하는 건 상당히 중요하다. 하지만 만약 그런 데이터를 얻을 기술적인 준비가 되어 있지 않다면, PO가 아무리 준비해도 허사로 돌아간다.

PO는 자신이 책임지고 있는 프로덕트와 관련되어 어떤 데이터가 축적되고 있는지 명확하게 알아야 한다. 만약 기존 데이터만으로는 유의미한 테스트가 불가능하다고 판단되면, 개발팀과 논의하여 필요한 데이터가 쌓일 수 있는 구조로 개선하도록 하자. 데이터가 없으면 애널리스트가 큰 힘을 쓸 수 없고, PO는 가설을 증명하기가 매우 어렵다.

나는 쿠팟에 있을 때 그 외국인 개발자와 협의하여, 기존 코드 형태를 변경하기로 계획을 세웠다. 수년째 사용되어 오던 언어에서 탈피하여, 리액트React(자바스크립트 라이브러리) 기반으로 체형을 바꾸기로 협의했다. 리액트는 보다 쉽게 웹사이트상에서 고객의 행동을 로그로 기록할 수 있다. 리액트 네이티브React Native 형태를 활용하면, 한 가지 코드 베이스를 가지고 동시에 안드로이드나 iOS 모바일 앱을 만들 수도 있다.

이미 잘 작동하고 있던 쿠팟 웹사이트의 토대를 변경하는 것은 쉬운 결정이 아니었다. 하지만 충분한 데이터가 쌓이는 구조로 탈바꿈하고, 더 효율적으로 두 개의 모바일 앱까지 탄생시키기 위해 투자해야 한다고 생각했다. 이처럼 PO는 때에 따라 기술 플랫폼의 개선을 요청하기도 한다. 그래야 장기적인 관점에서 서비스를 개선하는 자원 사용을 줄이고, 가설 검증을 위한 충분한 데이터를 축적할 수 있다.

물론, 리액트로 탈바꿈하기 전까지는 활용할 수 있는 데이터가 다양하지 않았다. 그렇지만 PO는 그런 제약 속에서도 유의미한 인사이트를 도출하기 위해 노력한다. 예를 들어, 더 나은 분석 환경을 구축하는 것도 PO가 주도적으로 요청할 수 있는 영역 중 하나다. 그래서 우리는 데이터 분석가와 데이터 엔지니어까지 아우르는 데이터 팀을 신설하고, 프로덕트 및 고객과 관련된 수많은 데이터를 기록하고 도출할 수 있는 데이터 마트를 구성했다. 그리고 거기서 추출하고 정제한 정보를 액셔너블한 리포트로 볼 수 있도록 태블로 서비스까지 도입했다.

앞서 언급했듯이, 테스트를 진행하는 방식 중 가장 널리 사용되는 것은 A/B 테스트다. A그룹에 포함된 고객에게는 기존과 동일한 서비스를 제공하고, B그룹에 포함된 고객에게는 새로운 기능을 선보이는 형태다. 동시에 진행하고, 약 7일 이상 지켜보며 데이터를 비교해본다. 만약 B그룹의 구매율이나 사용률이 A그룹보다 높아졌다면, 새로운 기능이 효과 있다는 가설을 증명할 수 있다.

만약 자신이 사용하는 페이스북이나 인스타그램 앱의 디자인이 옆 친구의 것과 달라 보인다면, 둘 중 한 명은 B그룹에 속해 있을 수 있다. 주요 IT 서비스 회사들은 동시에 여러 A/B 테스트를 진행하고 있기 때문에, 모든 사용자가 동일한 기능이나 디자인에 노출될 확률은 거의 없다. 평소처럼 사용하면, 그 프로덕트를 담당하는 PO가 데이터를 보며 새로운 디자인을 선보일지 말지 결정할 것이다.

주요 회사들은 자체적으로 A/B 테스트를 손쉽게 생성하고 진행할 수 있는 플랫폼을 갖추고 있다. 대상 고객을 선정하여 랜덤으로 어떤 고객은 A그룹, 또 다른 고객은 B그룹에게만 허용된 기능을 사용할 수 있게 관리 가능하다. 그리고 매 순간 몇 명이 무엇을 했고, 매출 등에 영향을 끼쳤는지 확인할 수 있도록 수십 가지 이상의 수치를 시시때때로 확인할 수도 있다. 만약 B그룹에 적용된 기능에 기술적인 문제가 발생할 경우, B그룹에 적용한 기술을 당장 해제할 수도 있기 때문에 A/B 테스트 플랫폼이 있으면 좋다.

하지만 모든 회사가 이런 플랫폼에 투자하지는 않는다. 스타트업은 물론, 코빗조차도 자체 A/B 테스트 플랫폼이 없었다. 다행히도 구글 옵티마이즈Optimize나 옵티마이즐리Optimizely 같은 A/B 테스트 서비스가 존재하기 때문에, 개발팀과 논의하여 적절한 플랫폼을 연동하는 것이 도움이 된다.

PO는 자신의 가설이 맞는지 증명하기 위해 준비를 철저히 하도록 한다. 실험을 꼼꼼하게 계획하는 것도 중요하지만, 만약 데이터를 추출하거나 실험을 제대로 진행할 환경이 준비되어 있지 않다면 개발팀과 함께 논의하자. 당장 출시해야 하는 기능 때문에 이런 준비를 하기 버거울 수 있겠지만, 로그를 심고, 데이터 마트를 만들고, 태블로를 구축하고, A/B 테스트 플랫폼까지 연동해놓는 것은 장기적으로 빼놓을 수 없는 투자다. 고객에게 더 나은 경험을 제공하기 위해 필수적인 요소이다.

데이터 대시보드도 프로덕트다

PO나 애널리스트가 데이터를 시각화하여 대시보드 형태로 만드는 방식은 여러 가지가 있다. 태블로Tableau, 마이크로소프트 파워 BIPower BI 등의 툴을 사용한다.

이런 툴로 만들 수 있는 작업물의 형태는 다양하지만, 주로 다음과 같은 것들을 생성한다.

- 주기적으로 업데이트되는 수치 기반 테이블
- 트렌드를 한눈에 파악할 수 있는 그래프
- 배열된 데이터를 다운로드해서 볼 수 있는 파일

PO는 이런 대시보드를 직접 확인하기도 하지만, 메이커나 경영진, 혹은 내부 고객에게 공유할 때가 있다. 당연하겠지만, 이를 접하는 모든 고객의 이해도는 천차만별이다.

그래서 데이터 대시보드도 하나의 프로덕트로 다뤄야 한다. 만약 애널리스트 같은 동료가 생성해준다면, PO는 애초에 명확한 요구사항을 전해야 한다. 그리고 생성된 대시보드가 완성된 형태를 갖출 때까지 피드백을 주도록 한다.

이 대시보드의 고객은 데이터를 받아보는 사람들이다. 예를 들어 경영진에게 WBR 대시보드를 선보일 경우, 직접 설명하는 대신 접속할 수 있는 링크만 보낼 때가 있다. 그럴 경우, 경영진은 넉넉하지 않은 시간을 할애하여 그 대시보드를 해석하려 할 것이다.

만약 테이블명이 부정확하다면? 그래프가 나타내고자 하는 취지가 불명확하다면? 차트의 다양한 색상이 무엇을 대변하는지 쉽게 알 수 없다면? 데이터를 이해하는 입장에서 어려움을 겪을 것이다. PO가 직접 혹은 애널리스트와 함께 대시보드를 생성할 때, 다음을 반드시 명심하도록 하자.

- 대시보드의 타이틀은 주제를 명확하게 알려줘야 한다.
- 각 테이블의 명칭도 명확하게 쓰여 있어야 한다.
- 테이블의 열이나 행의 명칭도 정확해야 한다.
- 명칭만으로는 부족할 경우, 테이블이나 그래프 아래에 부연설명을 덧붙인다.
- 영문 등으로 생성할 경우, 대소문자를 잘 구분한다.

PO는 '처음 접하는 사람이라면 쉽게 이해할 수 있을까?'라는 자문을 해보며 대시보드의 가독성을 개선해야 한다. 기왕에 시간과 에너지를 투자하여 생성하는 대시보드라면, 누구나 어려움 없이 데이터를 이해할 수 있도록 해주는 것이 당연하다. 항상 데이터를 소비하는 고객의 입장에서 생각하라.

4장

효율적인
일정 관리의 비밀

스토리 티켓으로
누구에게 무엇을 알려야 하나?

"지난주에 제가 공유한 문서로 리뷰는 끝냈으니, 별다른 질문은 없죠? 그럼 제가 에픽Epic을 하나 만들고, 당장 해야 하는 것들을 스토리 티켓Story Ticket으로 연결시켜 놓을게요."

"고마워요, 스티븐. 스토리 티켓은 일단 나한테 할당해줘요."

"알았어요, 만약 개발팀이 구체적으로 트래킹해야 할 개발사항이 있으면 각 스토리에 서브 태스크Sub-Task로 생성해주세요."

큰 규모의 신규 기능을 만들기 전, 나는 개발을 주도할 개발자에게 서로 어떤 티켓을 할당해야 할지 알려줬다. 개발 과정에서 PO가 해야 하는 가장 큰 임무 중 하나가 구체적인 요구사항을 정하는 것이고, 그 걸 개발팀에 전하는 방식이 바로 이 티케팅이기 때문이다. 티케팅에 대해서는 뒤에 자세히 설명해놓았다.

일단 티케팅 단계에 도달하기도 전, 새로운 기능을 만들어야 할 때 나는 별도의 문서를 작성한다. 약 두세 장짜리로 한정하고, 이를 장수에 따라 투-페이저 2-Pager 또는 쓰리-페이저 3-Pager라고 칭한다. 신규 기능 개발에 착수하기 최소 1~2주 전까지 이런 문서를 작성한 후, 그 프로젝트에 투입될 개발자들을 회의에 소집하여 설명한다. 그 자리에서 질의 과정까지 거치고, 개발팀의 의견을 반영하여 문서를 다시 한 번 수정한다. 개발팀과 협의해 완성된 문서는 다른 유관 부서에게도 유용하게 활용될 수 있기 때문이다. PO가 일일이 회의를 소집하여 다른 팀에게 설명할 필요 없이 문서만 공유해줘도 웬만한 사항은 설명되기에, 이렇게 문서화하는 것을 확장성 있는 지식 배포 형태 Scalable Knowledge Transfer라고 부른다.

내가 작성하는 문서에는 다음과 같은 정보가 주로 포함되어 있다.

1. 목적 Objective

최대 2~3문장 이내로 이 문서의 목적이 무엇이며, 어떤 내용을 다룰 것인지 명확하게 밝힌다. 이 문서를 읽기 위해 굳이 시간을 할애해야 하는지 스스로 판단할 수 있도록 도와주기 위함이다.

2. 배경 정보 Background

약 2~3문단에서 길게는 반 장 정도로 왜 이 신규 기능이 필요한지에 대해 설명한다. 개발자는 물론, 이 문서를 접하게 된 그 누구라도 이 섹션만 읽으면 일련의 진행 상황, 풀고자 하는 문제, 그리고 앞으로의 방향성에 대해 이해할 수 있어야 한다.

3. 고객을 위해 어떤 일을 하는가?What job are you doing for the Customer?

목록 형태로 작성한다. 각 고객이 왜 해당 기능을 '고용'할지에 대해 짧고 명확하게 명시한다. 1번부터 중요도에 따라 나열한다. 예를 들어, "정확하게 어떤 음식을 주문할지 알고 들어온 고객은 실시간 배송 정보를 눈으로 확인하기 위해 이 새로운 지도 기능을 고용한다"라고 작성한다. 주로 3~5가지의 항목이 나열된다. 너무 다양한 고객이 있다는 것은 PO가 정말 중요한 고객이 누구인지 파악을 못했다는 증거다.

4. 원칙Guiding Principles

이 기능을 개발하고 고객에게 선보이는 과정에서 결정을 내릴 때 잣대로 삼을 원칙을 나열한다. 1번부터 중요도에 따라 명시하고, 주로 6개 내로 한정한다. 너무 많은 원칙이 있는 것도 PO가 간소화하지 못했다는 증거이기 때문에, 꼭 따라야 하는 주요 원칙만 선정한다. 예를 들어, "고객은 음식 배달 현황을 파악하는 걸 가장 중요하게 생각한다. 배달 현황을 파악하는 데 도움이 안 되는 지도 기능은 철저하게 배제한다" 같은 것이 원칙이 될 수 있다. 위성 이미지, 교통 상황 등은 고객에게 도움이 되지 않기 때문에 불필요한 기능을 추가하지 않도록 원칙을 만들어놓는 것이 도움이 된다.

5. 목표Goals

새로운 기능을 선보였을 경우, 어떤 목표를 달성할지 설명한다. 목표는 무조건 수치화되어 있어야 한다. 가설을 증명하기 위해 사용되는 수치가 그대로 기입될 수 있다. 주로 2~3개로 한정한다. 너무 많은 목표를 추구하는 것 또한 PO가 우선순위를 파악하지 못했다는 증거이기 때문이다.

6. 주요 지표Key Metrics

목표에 사용되는 지표를 포함하여, 기능이 고객을 위해 제대로 된 목적을 수행하고 있는지 나타낼 수 있는 지표를 3~4가지 정도 선정한다. 만약 현재 이미 트래킹하고 있는 수치가 있을 경우, 문서가 작성되는 시점의 데이터를 작성해도 된다. 나중에 변화되는 수치를 비교하기 위한 기준점이 될 수 있다. 음식 주문 앱의 새로운 지도 기능을 위한 주요 지표로 지도를 열어서 확인하는 고객 수를 파악하는 방법도 있겠지만, 고객센터로 접수되는 문의의 변화를 보는 것도 도움이 된다. 지도가 제대로 고객에게 배송 상황을 알려주고 있다면, "도대체 언제 배달돼요?" 또는 "어디쯤 오고 있어요?" 같은 유형의 질문이 현저하게 줄어들어야 하기 때문이다.

7. 개발 계획Roadmap

말 그대로 개발 계획을 적어둔다. 나는 주로 '1단계, 2단계, 3단계' 등으로 나눠서 개발하는 것을 선호하기 때문에, 각 단계별로 어떤 구체적인 사항이 개발되어야 하는지 나열한다. 1단계에서는 빨리 테스트해 볼 수 있는 최소 기능 모델MVP, Minimum Valiable Product을 완성하는 데 사용하고, 그 후에 2단계, 3단계로 고도화한다.

때에 따라서는 단기간(1달 이내), 중장기(3달 이내), 장기(6개월 이내)로 나눠서 시기별로 무엇을 해야 하는지 설명하기도 한다. 당장 현 분기 내에 완성해야 할 기능이 있을 경우, 단기간 계획으로 잡아둔다.

개발 계획 섹션은 개발팀 또는 팀장의 검토를 받아 수정을 거친다. 이때 개발 완료 예정 시간ETA, Estimated Time of Arrival과 상태를 표기한다. 상태는 문제가 없을 경우 그린Green이라고 명시하고, 완료 예상 시점까지 못 끝낼 것 같거나 미리 해결해야 할 문제가 있을 경우, 옐로우 Yellow 또는 레드Red라고 표기한다. 레드는 해당 항목이 개발 완료될 가능성이 거의 없을 경우다.

8. 자주 묻는 질문FAQ

새로운 기능을 개발한다고 하면, 개발팀뿐만 아니라 다른 유관 부서에서도 질문을 많이 한다. PO로서 그 질문을 예측하고 미리 답변을 적어놓으면 도움이 된다. 예를 들어, "새로운 지도 기능은 안드로이드와 iOS 모두 동시에 적용되나요?"라는 질문을 적어두고, "먼저 안드로이드부터 업데이트한 후, 약 5주 후에 iOS 버전도 업데이트할 예정입니다. 자세한 사항은 개발 계획 섹션을 확인해주세요"라고 답변해둔다. 포맷은 여느 FAQ가 그렇듯, 목록 형태로 나열한다. 똑같은 질문을 여러 번 받아서 대답하는 것은 비효율적인 시간 활용 방법이라는 것을 명심하라. 문서를 잘 활용하면 시간을 아낄 수 있다.

실제로 이런 문서를 작성하고 나면, 개발팀을 회의로 소집한다. 나는 미리 문서를 공유해서 읽고 오라고 부탁한다. 회의에서는 주요 내용만 다시 구두로 설명해준 후, 곧바로 질의 시간을 가진다. 이때 개발팀이 궁금해하는 모든 걸 PO가 대답해줘야 한다. 만약 바로 대답을 못 해준다면, 최대한 빨리 확인해서 알려주겠다고 한다. 개발에 착수하기 전 PO가 생각하는 방향성과 개발팀이 이해하는 방향성이 일치하도록 맞추는 매우 중요한 단계다.

모두가 동일한 관점에서 신규 개발물에 대해 이해하고 있다면, 그다음 단계로 넘어간다. 문서를 통해 큰 그림을 그렸다면, 그걸 잘게 나눠주는 단계다. 대부분의 IT 기업에서는 아틀라시안Atlassian 사가 만든 지라Jira 시스템에서 티켓을 생성하여, 담당하는 개발자에게 할당하는 형태로 개발 조직이 운영된다. 티켓을 생성해서 할당하는 과정을 통해 개발자는 자신이 구체적으로 무엇을 해야 하는지 이해하게 된다. 각 티켓별로 구체적으로 언제까지 무엇을 달성해야 하는지 명시되어 있기 때문에, 그것만 봐도 개발자는 별도의 지시 없이 자신만의 업무에 집중할 수 있게 된다.

신규 개발을 위해 티켓을 생성할 때는, 주로 세 가지를 활용한다.

1. 에픽Epic

직역하면 '서사시'인 에픽은, 뜻과 비슷하게 큰 목표를 잡아주는 역할을 한다. 주로 새로운 프로덕트를 만들거나 중요한 신규 기능을 개발할 때 활용한다. 에픽 티켓 아래에 스토리 티켓을 다수 생성해서 관리하는 형태다. 모든 스토리와 태스크 티켓이 완료되었을 때, 비로소 에픽은 개발 완료 상태로 변하게 된다.

에픽 티켓에는 미리 작성한 문서의 핵심 내용을 기입한다. 목적, 개발 타당성, 목표, 주요 수치 등을 포함한다. 에픽 티켓만으로도 충분히 설명이 된다고 생각될 경우, 별도 문서 작성을 생략해도 된다. 하지만 티켓은 개발 조직에서만 사용되기 때문에, 마케팅이나 사업 부서에서 공유받길 희망할 경우, 별도 문서가 훨씬 큰 도움이 된다. 특히 상사나 경영진에게 설명해야 할 경우, 티켓의 링크만 건넬 수는 없기 때문에 보통 에픽 티켓 자체가 문서를 대체할 수는 없다.

2. 스토리Story

에픽을 달성하기 위해 큼지막하게 분류하는 것이 스토리 형태다. 스토리 티켓은 통상적으로 사용자가 어떤 것을 할 수 있는지 설명한다. 예를 들어, "사용자가 지도상에서 현재 이동 중인 배달원의 위치를 확인할 수 있어야 한다"가 하나의 스토리가 될 수 있다. 나는 이렇게 작성하기도 하지만, 큰 기능 위주로 나눠서 스토리 티켓으로 생성하기도 한다. "지도상에 실시간 배달원 위치 표기" 등과 같이 간결하게 어떤 기능이 구현되어야 하는지 제목을 짓는다.

스토리 티켓 내에서도 에픽과 비슷하게 목적, 개발 타당성, 주요 수치 등을 작성하지만, 구체적인 개발 요구사항을 가장 중요하게 다룬다.

PO가 여기에 상세하게 어떤 기능이 만들어져야 하는지 명시한다. 어떤 메뉴에 지도를 넣어야 하는지, 원천 정보는 어디서 가져와야 하는지, 아이콘은 어떤 것을 사용할지 등 최대한 명확하게 작성한다.

스토리 티켓 내에서 글로만 작성하기에는 한계가 있기 때문에, 별도 UX 흐름 문서나 디자인 시안 등을 링크 또는 첨부 파일로 추가한다. 어떤 형태로 표현하든, 개발자가 자신이 무엇을 구현해야 하는지 명확하게 이해할 수 있도록 돕는 것이 목적이다.

3. 태스크Task

태스크는 하나의 스토리가 완료되기 위해 개발되어야 하는 것들을 더 잘게 나눈 형태다. 예를 들어, "네이버 지도 API를 연동한다" 또는 "주문자의 위치 좌표를 DB에서 가져온다" 등이 될 수 있다. 이런 태스크는 주로 개발자나 개발팀 관리자가 직접 작성한다. PO가 에픽과 스토리를 명확하게 작성했다면, 개발자가 기술적인 요구사항을 나눠서 티켓으로 생성한다. 여기에서도 마찬가지로, 스토리에 연결된 모든 태스크 티켓이 완료되어야 하나의 스토리가 완료된다.

"혹시 개발팀은 저에 대한 피드백 없어요? 제가 개선해야 할 점이 있는지 궁금해요."

"전혀 없어요. 우리는 당신과 일하는 게 즐거워요."

"고마워요, 저도 함께 일하는 게 즐거워요. 제 임무는 모든 개발자가 단 한 순간도 고민하지 않도록 요구사항을 명확하게 전달하는 거예요.

제가 생성하는 티켓이 충분히 상세하지 않다면, 꼭 알려줘요."

나는 함께 조직을 꾸리고 있는 개발팀 관리자들과 매주 개별 면담을 하면서 이렇게 묻고 다시 나의 역할을 상기시켜 준다. PO가 구체적인 요구사항을 전달하지 않을 경우, 개발자가 자신이 무엇을 해야 하는지 고민하는 데 시간을 낭비할 수도 있기 때문이다. 그리고 서로의 이해가 맞아떨어지지 않을 경우, 고객에게 선보여야 하는 프로덕트가 제대로 완성되지 않게 된다. 나는 이런 시간 또는 기회 낭비를 애초에 방지하고자 최선을 다해 문서를 작성하고 티켓을 생성한다.

PO가 개발자에게 존중받는 가장 확실한 방식은 요구사항을 명확하게 전달하는 것임을 명심하라. PO는 고객이 필요로 하는 것과 회사가 추구하는 방향성, 그리고 그걸 최적으로 구현하기 위한 해결책을 마련하여 개발팀에게 전달하는 사람이다. 개발의 참여자들이 정확하게 이해할 수 있도록 소통하는 방식을 PO가 터득해야, 진정으로 고객이 만족하는 프로덕트가 탄생할 수 있다.

PO가 해서는 안 되는 일

"스티븐, 몇 가지만 더 물어볼게요."

"그럼요, 얼마든지 질문하세요."

"혹시 개발을 직접 할 수 있나요?"

"제가 개발을 할 수 있냐고 물어보셨나요? 네이버 산하 기관에서 개발을 배운 적은 있지만, PO가 개발도 직접 해야 하나요?"

"개발팀이 있긴 하지만, 간단한 것들은 PO가 직접 개발해주길 바라거든요. 개발할 수 있나요?"

PO로서 일하다 보면 간혹 국내외 업체의 채용팀이나 헤드헌터한테서 연락이 오기도 한다. 거의 모든 분께 정중하게 이직 의사가 없음을 밝히고 전화를 끊지만, 함께 일했던 옛 동료가 동남아시아에서 제일 큰 전자상거래 기업 중 한 곳에 나를 추천해줘서 그 회사 채용 팀장과 간단한 전화 통화를 한 적이 있었다.

그때 머나먼 동남아시아에서 전화를 한 그분이 갑자기 내가 개발을 할 수 있는지 물어봤다. 나는 당연히 PO가 기술적인 이해도를 어느 정도 갖춰야 하기에, 개발 프로세스를 이해할 수 있는지 확인하는 거라 생각했다. 아니면 코드를 파악할 수 있는지 물어보는 거라고 짐작했다.

하지만 그분은 매우 진지하게 코딩을 할 수 있는지 물어본 것이었다. 간단한 화면 UI 개발이나 버그 픽스Bug Fix(프로그램 안에 존재하는 버그를 수정하여 정상적으로 작동시키는 것) 등을 직접 할 수 있는지 질문했다. 나는 당황해서 PO가 그런 것도 해야 하는지 물었지만, 그분은 너무나 당연하다는 듯이 대답했다.

그렇게 규모가 큰 다국적 기업이 PO에게 개발을 시킨다는 것이 놀라웠다. 규모가 작아 인원이 부족한 스타트업일 경우 이런 방식을 고민해보긴 하겠지만, 그래도 PO가 개발을 하는 것은 맞지 않다고 생각한다. PO는 프로덕트의 방향성에 대해 고민하고, 고객 입장에서 생각하며, 데이터를 분석하고, 여러 결정을 시시때때로 내려야 하는 직무인데, 개발까지 맡는 것은 여러 가지 이유로 옳지 않기 때문이다.

먼저, 개발물은 완성도가 높아야 한다. PO가 아무리 비슷한 전공을 하고 개발 이력을 갖췄다 하더라도, 매일 특정 프로덕트의 코드 베이스를 들여다보지 못하는 상태에서, 필요에 따라 코드를 건든다는 건 위험한 행위다. PO가 코딩을 잘못 해서 버그가 생기면, 오히려 고객 경험에 악영향을 끼치기 때문이다.

그리고 PO의 임무는 개발을 직접 하는 게 아니다. PO는 개발자, 디자이너, 비즈니스 애널리스트 등이 각자의 임무를 잘 이행할 수 있도록 요구사항을 명확하게 하고 방향성을 제시하는 데 집중해야 한다. PO가 하루의 일부분을 직접 코딩하는 데 할애한다면, 자신의 역할을 제대로 할 수 없다.

아직까지도 꽤 많은 기업이 기획자가 작성한 화면 구성도나 와이어 프레임을 기반으로 디자인하고 개발에 착수한다. 그래서 PO도 와이어 프레임을 만들거나 심지어 기초적인 디자인도 해야 한다고 믿는 경우가 있다. 하지만 나는 이 방식도 옳지 않다고 생각한다. 보편적으로 기획자와 달리 PO는 책임져야 하는 임무가 더 광범위하다. 그리고 PO는 사용자 경험 디자인에 대한 전문가가 아니다.

개발을 전문 개발자가 전담하듯이, 디자인도 전문 디자이너가 전담해야 한다. PO는 디자이너가 무엇을 달성해야 하는지 목표를 정하고 요구사항을 논의하는 직무이지, 직접 와이어 프레임을 작성하면서 화면상 버튼을 어디에 놓아야 하는지 제시하는 사람이 아니다. 그건 UXUser Experience(사용자 경험)나 UIUser Interface(사용자 인터페이스) 디자이너가 고객 경험을 최적화하기 위해 훨씬 효과적으로 작업할 수 있는 영역이다.

회사 규모나 상황에 따라 PO의 정체성이 모호해질 때가 있다. 코빗으로 이직했을 때, 한글과 영문으로 기재되어야 하는 대고객 안내 메일을 처리하는 프로세스가 아직 자리 잡지 못하고 있어 내가 직접 안내문을 작성했던 적도 있다. 급한 경우에는 멀티 플레이어처럼 다른 업무를 도와줄 수 있지만, 결과적으로는 PO 자신의 시간을 우선순위에 맞춰 활용하지 못하는 결과가 초래된다.

PO는 자신의 존재 이유를 명확하게 알아야 한다. 예를 들어, 단 20분을 공지문을 작성하는 데 할애하더라도, 그 전후로 허비하는 시간은 상당하다. 그 때문에 본연의 업무에 투자하지 못한 시간은 회사와 고객에게 낭비로 남게 된다. 공지문을 통해 고객이 얻는 가치가, 프로덕트의 새로운 기능이 주는 가치보다 과연 클까? PO는 늘 자신이 시간과 에너지를 제대로 활용하는지, 그리고 자신의 전문 분야에 집중하고 있는지 검증해야 한다.

아직 PO라는 직무가 전반적으로 보편화되어 있지 않기 때문에, 다른 이들이 기대하는 PO의 업무가 다를 수 있다. 그럴 때는 명확하게 PO의 주된 영역이 어디까지인지 명시하거나 설명해주는 것이 도움이 된다. 그렇지 않고 다른 이들이 요청하는 자잘한 업무를 다 처리하다 보면, PO는 자신의 업무에 집중할 수 없다.

쿠팡같이 PO 직무가 오랜 세월에 걸쳐 자리 잡힌 곳에서도 간혹 PO의 책임에 대한 이해도가 조금씩 다를 때가 있다. 그래서 나는 내가 책임지는 조직의 개발 매니저, 기술 매니저TPM, Technical Program Manager들을 위해 네 장짜리 문서를 만들어서 그들에게 보내줬다. 서로 문서를 읽고, 회의를 통해 질의 과정을 거치고, 최종본을 만든 후 경영진과 다른 유관 부서에 문서를 공유했다.

여기에 거론되었던 내용 중 일부를 종합하자면 다음 표와 같다. 쿠팡만의 절차가 아니라, 보편적으로 다른 곳에서도 동일하게 R&RRole and

	책임 업무	개발 매니저	TPM	PO
1	유관 부서 회의	필요 시 참석	주기적으로 참석	항상 참석 및 주도
2	로드맵, OKR, 기타 문서	검토 및 첨언	검토 및 첨언	작성 및 수정
3	우선순위 설정	검토 및 첨언	검토 및 첨언	설정 및 설명
4	유관 부서 소통	필요 시 기여	주기적으로 기여	주기적으로 기여
5	기술 이슈	해결 및 기록	주시 및 대응	주시 및 대응
6	스크럼[1] 회의	주도 및 참여	주기적 참석 기대	참석 및 설명
7	스프린트[2] 계획	주도 및 업무 할당	주기적으로 참여	주도 및 설명
8	데이터 및 수치화	필요 시 검토	충분한 이해 보유	설정, 생성, 설명
9	개발 완료 공지	필요 시 검토	PO 검토하에 작성	필요 시 작성
10	마이너한 이슈	야간 담당자 할당	가능하면 대응	가능하면 대응

Responsibility을 구분할 수 있기 때문에 도움이 될 것이다.

스스로의 역할을 제대로 정의하지 않을 경우, PO는 끊임없는 업무에 치여 자신의 주된 임무를 완벽하게 소화할 수 없게 된다. 명확하게 정의한 후 다른 이들도 이해할 수 있게 설명해주는 일이 그래서 중요하다. PO가 다른 업무에 정신이 팔려 있는 동안, 더 중요한 결정을 내리지 못할 수 있기 때문이다.

---

1. Scrum. 애자일을 실제 조직 운영에 적용할 수 있는 구체적인 방법 중 하나. 자체 결정권을 가진 소규모 조직이 업무 사이클을 유지할 수 있도록 주기적으로 짧게 가지는 회의를 스크럼이라 부른다.
2. Sprint. 애자일 방식에서 사용되는 개발 사이클이다. 보통 2주당 하나의 스프린트를 거친다.

개발 우선순위를 정하는 것처럼, PO는 자신의 시간과 에너지를 어디에 우선적으로 투자해야 하는지 잘 알아야 한다. 만약 누군가가 PO에게 코딩을 시키거나, 디자인을 해달라고 하거나, 혹은 공지문을 작성해달라고 할 때, 속으로 과연 그 업무가 고객에게 가장 큰 영향을 끼치는 방법인지 자문해보길 바란다. PO는 이것저것 다 처리해주는 직무가 아니기 때문에, 더 효과적으로 자신의 시간을 투자하는 방법이 분명히 존재할 것이다.

스크럼 회의 때 해야 할 일들

"오늘 알려주고 싶은 내용은 한 가지예요. 우리가 테스트하고 있던 개발물 적용 지역이 확대되었어요. 구체적인 내용은 티켓에 수정해뒀고, 링크로 걸려 있는 요구사항 문서 맨 뒤 28, 29, 30페이지를 봐주시기 바랍니다."

"스티븐, 궁금한 게 있어요. 지난주에 알려줬던 그 지역하고는 달라요? 테스트를 시작하는 일시는요?"

"그 지역을 포함해서 새로운 곳들이 추가되었어요. 일시는 각각 조금씩 다르기 때문에 개별적으로 티켓을 생성한 뒤 할당했으니까 확인해줘요. 요구사항 문서에는 UI상에 수정해야 할 것들이 몇 가지 설명되어 있으니까 봐주면 좋겠어요."

"감사합니다. 그럼 궁금한 게 있으면 코멘트로 남길게요."

오전 스크럼 회의를 하면서 나는 전날 저녁에 운영팀과 논의되었던 새로운 테스트 일정에 대해 팀에 설명해줬다. 매우 빠른 속도로 성장하는 회사에서는 정신이 없을 정도로 계획이 수정되는 경우도 있는데, 이럴 때 PO는 명확하게 변경사항을 알려줘야 한다.

다른 유관 부서 등은 PO를 통해 요청사항을 전달한다. 일정이 변경된 경우, PO에게 메일이나 메신저, 혹은 전화로 알려준다. 나는 하루 평균 다양한 방식으로 연락을 200번 넘게 받는다. 오후 내내 5분마다 전화가 온 적도 있었다. 그럴 때마다 누가 무엇을 요청했는지, 어떤 것이 변경되었는지 기록해두는 것이 중요하다.

만약 PO가 테스트 대상이나 일정이 변경된 것을 놓치고 개발팀에 전달하지 못할 경우 큰 차질이 생길 수 있다. 그래서 나는 늘 맥북과 메모장, 펜을 들고 다닌다. 시시때때로 연락을 받을 때마다 메모해두는데, 기억력이 완벽하지 않기 때문에 메모해두지 않으면 개발팀에게 내용을 전파하기 어렵다.

새로운 프로젝트가 시작되면, 나는 습관적으로 문서나 티켓을 생성한다. 그리고 변경사항이 발생할 때마다 곧바로 메모를 해뒀다가, 최단 시간 내에 문서나 티켓을 수정한다. 그리고 수정이 완료되면 곧바로 개발 팀원 전체가 볼 수 있도록 메신저로 공유한다. 만약 개발 담당자가 이미 할당되어 있는 경우라면, 그 개발자가 바로 알림을 받을 수 있도록 조치한다.

그런 후, 다음 날 오전 스크럼 회의 때 변경사항을 구두로 다시 한 번

말로 전한다. 이때 꼭 질의 과정을 거치며, 개발팀의 궁금증이 모두 해소될 때까지 변경된 내용을 설명한다. 혹시라도 문서나 티켓을 미리 수정하지 못했을 경우, 스크럼 회의가 종료되자마자 반드시 완료한다. 하루에 짧게는 15분 단위로 회의나 면접이 열 몇 개씩 연달아 있는 경우도 있지만, 나는 식사 시간을 할애해서라도 변경사항을 꼭 기록해서 팀에 공유한다.

"스티븐, 지난번에 제가 요청했던 개발 상황은 어떻게 되었나요?"

"제가 잘 기억을 못 하고 있는 것 같은데, 혹시 어떤 걸 말씀하시는 건가요?"

"알고리즘 결과물을 검토해보고 싶어서 데이터를 요청했었는데요."

"아 네, 대시보드에도 요청하셨죠? 그렇다면 거기에 현 상황과 ETA가 표기되어 있을 겁니다."

다른 부서와 협업할 경우, 각각 다른 방식으로 요청사항을 전달하기 때문에 어려움을 겪게 된다. 어떤 이는 메일로 보내고, 또 다른 이는 유선 통화로 요청하고, 어떨 때는 메신저로 전달될 때도 있다. 이렇게 다양한 경로를 통해 연락이 오게 되면, PO는 본연의 업무에 집중할 수 없게 된다. 이렇게 전화로 개발 상황에 대해 문의하는 행위가 유관 부서에서는 한 번이겠지만, PO의 입장에서는 하루에만 수십 번 받게 되는 질문 중 하나이기 때문이다.

이렇게 고객이나 유관 부서의 요청사항이 수시로 변경되거나 연락을 많이 받아야 할 경우, PO는 가장 효율적인 소통 방식을 정립하여 공유해야 한다. 자신의 한정적인 시간을 최대한 주요 업무에 투자할 수 있도록 솔루션을 마련하는 절차다.

나는 특정 운영팀에서 요청하는 사항이 빈번하다는 점을 알아챈 직후, 곧바로 모두가 접근할 수 있는 온라인 스프레드 시트를 만들고 이를 대시보드라고 칭했다. 그러고 나서 다음과 같이 메일로 안내했다.

1. 링크된 대시보드에 접속한 후, 세 번째 탭을 열어주세요.
2. 요청자의 이름과 소속 조직, 그리고 요청 일자를 기입해주세요.
3. 대시보드에 기입한 후 메일로 간략하게 작성 여부를 알려주세요.
4. 개발팀에서 검토 후 ETA를 산정하여 기입할 예정입니다.
5. 상태가 파란색일 경우 진행 중, 초록색일 경우 완료를 뜻합니다.
6. 완료되면 메일로 요청하신 데이터를 전해드리겠습니다.

물론 이런 수기 요청 자체가 불필요하도록 기능을 개발하는 것이 근본적인 해결책이기는 하다. 하지만 우선순위에 밀려 개발이 완료될 때까지 시간이 꽤 걸릴 수 있으니, 그때까지라도 이렇게 소통 채널을 일원화하는 것이 PO에게 큰 도움이 된다. 장점은 다음과 같다.

- 요청자는 PO에게 따로 전화나 메신저로 연락할 필요가 없다.
- PO는 주기적으로 대시보드를 통해 요청사항을 확인할 수 있다.
- 대시보드를 개발팀과도 공유하면, 담당 개발자도 상태를 확인할 수 있다.
- 대시보드에 상태나 ETA 등을 수정하면, 모두가 최신 정보에 접근할 수

있다.

이런 방식을 개발 요청사항 정리에 접목할 수도 있다. 나는 여러 프로덕트를 PO로서 책임지고 있는데, 각각 협업하는 유관 부서가 다르다. 매주 한 번씩 각 유관 부서와 주간 리뷰 회의를 가지면서 요청사항을 말로 전달받기도 하지만, 때로는 요청사항이 메일이나 메신저로 전송되기도 하고, 도중에 취소되기도 한다. 그래서 각 부서와 공유할 수 있는 프로덕트별 대시보드를 따로 만들었다. 대부분 PO는 요청사항을 전달받으면, 티켓으로 생성해뒀다가 나중을 위해 보관해두는 방식을 사용하기도 한다. 그걸 PO의 개발 백로그[1]라고 부르기도 한다. 하지만 나는 유관 부서와 개발 조직, 그리고 내가 한곳에서 명확하게 확인할 수 있도록 별도의 대시보드를 선호한다.

동일하게 모두가 접근 가능한 온라인 스프레드 시트를 생성하고, 다음과 같은 열을 생성한다.

1. 요청 일자
2. 요청자 이름 및 소속 팀
3. 요청사항 또는 기능 명칭
4. 간략한 설명

---

1. Backlog. 애자일의 실천 요소 중 하나로, 조직이 목표를 달성하기 위해 실행해야 하는 태스크를 목록화한 것.

5. 우선순위

6. 티켓 링크

7. ETA

8. 개발 상황

9. 기타 / 메모

유관 부서가 새로운 기능 등을 요청할 때, 나는 곧바로 이 스프레드
시트에 그 내용을 기입해둔다. 그리고 티켓을 생성한 후 링크를 걸어둔
다. 아울러 우선순위를 함께 기재해둬서 모두가 알 수 있도록 한다. 우
선순위를 명시하는 방법은 다음과 같다.

- P0 : 최우선시되어야 하는 개발물
- P1 : 가급적 완료해야 하는 개발물
- P2 : 완료되면 도움이 되는 개발물
- P3 : 완료되지 않아도 지장 없는 개발물

이렇게 대시보드를 만들면, 다음과 같은 장점이 있다.

- PO, 유관 부서, 개발 조직 모두 한곳에서 최신 정보를 확인할 수 있다.
- 개발 조직은 링크된 티켓을 열람하여 상세 요구사항을 확인할 수 있다.
- 유관 부서는 개발 현황 및 ETA를 확인할 수 있다.
- 주간 회의 때 대시보드 내용을 위주로 진행하면, 수정사항을 곧바로 반

영할 수 있다.

    PO가 프로덕트 하나만 담당한다면 이에 대한 필요성이 덜할 수 있다. 하지만 동시에 여러 프로덕트를 담당하게 될 경우, 자신만의 정리 프로세스를 수립하지 않으면 소통만 하다 시간을 모두 허비할 수 있다. 그래서 이렇게 대시보드 등을 만들어 일련의 과정을 정리하는 것이 좋다.

    일이 잘 진척되지 않고 막히는 현상을 흔히 병목Bottleneck(보틀넥) 현상이라고 한다. 만약 PO가 시시각각 변하는 상황을 인지하지 못하고 있거나, 개발 조직에게 제대로 전달하지 못할 경우, PO가 병목이 될 수 있다. 그렇지 않기 위해 PO는 처해 있는 상황을 명확하게 이해한 후, 자신의 시간을 최대한 효율적으로 활용할 수 있도록 솔루션을 마련해야 한다. 개발 조직에게 명확한 요구사항을 전달하고, 유관 부서가 최신 정보를 큰 어려움 없이 습득하도록 한다. 그래야 궁극적으로 고객에게 더 나은 경험을 제공하는 일에 모두가 효과적으로 참여할 수 있다.

자신만의 백로그 관리 방법을 갖추기

PO가 계속해서 티켓을 생성하다 보면 정리가 잘 안 될 수 있다. 한 분기에 많게는 수백 개의 티켓을 발행할 수도 있는데, 그것을 한눈에 보기는 쉽지 않다. 지난 스프린트에 생성한 티켓을 찾으려고 검색해야 할 수도 있다. 메이커들에게 할당할 티켓을 PO가 원하는 방식으로 분류하여 정리해주는 툴도 없다.

티켓이 세부적인 내용을 담은 것이라면, PO에게는 그것들을 한데 모아 전체적으로 볼 수 있는 방법이 필요하다. 그래서 PO는 자신만의 백로그 관리 방법을 갖춰야 한다. 가장 효율적인 방식은 구글 시트나 마이크로소프트 엑셀 같은 스프레드 시트를 활용하는 것이다. 일단 하나의 시트를 생성해서, 다음과 같은 열을 만들어보자.

기능 명칭	기능 설명	요청자	요청 일자	완료 일자	우선순위	상황	티켓
주문 수량 업데이트	주문 페이지 내 항목별 수량 자동 반영	토마스	03/28	04/15	P0	개발 중	[링크]

- **기능 명칭**: 주로 티켓의 제목과 동일하다.
- **기능 설명**: 세부적인 내용을 요약하여 한 줄 정도로 작성한다.
- **요청자**: 내부 고객, 유관 부서 등의 이름을 기록한다.
- **요청 일자**: 최초로 요청된 날짜를 기입한다.

- **완료 일자:** 개발 조직과 논의 후 합의한 예상 완료 일자를 적는다.
- **우선순위:** P0는 Priority 0의 약자로, 가장 중요한 것을 뜻한다. P1, P2까지 주로 사용한다.
- **상황:** 현재 진행 상태를 알려준다. 시작 전, 개발 중, 개발 완료, 테스트 중, 배포 완료 등으로 표기한다.
- **티켓:** 생성된 티켓의 URL을 링크해둔다.

배포까지 완료된 항목은 숨김 처리를 하거나, 폰트 색상을 옅은 회색 등으로 바꿔서 관리할 수 있다. 좀 더 정교하게 백로그를 관리하고자 한다면, 다음과 같이 시트를 다수 생성하는 방법이 있다.

1. **전체 백로그:** 모든 항목을 나열한다.
2. **현재 스프린트:** 현재 진행 중인 스프린트에서 처리 중인 항목만 나열한다.
3. **지난 스프린트:** 지난 스프린트에서 처리된 항목만 나열한다.

매번 시트를 새롭게 생성하고 항목을 복사해서 붙이는 수고가 들겠지만, 이렇게 정리해두면 PO는 언제라도 개발 조직이 무엇을 추진 중인지 정확하게 알 수 있다. 정리하는 과정을 통해서 자신의 생각을 정리하게 되는 것은 덤이다. 메이커나 내·외부 고객에게 정리된 모습을 보여주려면, PO 자신이 정리를 잘해야 한다. 위와 비슷한 방식으로 백로그를 꾸준히 관리하면, 무엇을 언제까지 만들어야 하는지 쉽게 찾아볼 수 있게 된다.

5장

디자이너를 최고의
파트너로 삼는 법

디자이너는 PO의 의도를 구현해주는 최고의 파트너다

"스티븐, 우리가 지난주부터 새롭게 선보인 디자인의 개편 테스트 어떻게 진행되고 있어요? 그래프 좀 보여줘요."

"아, 여기 봐요. 일단 볼륨이 테스트 시작 전주 대비 많이 올랐어요. 그런데 볼륨은 구매자가 많으면 자연스럽게 올라가니까 전환율이 높아져야 하는데, 그것도 눈에 띄게 올랐어요."

"와! 이게 우리 디자인 개편 선보인 날짜죠? 그래프가 확 오르네요. 대단하다. 개발자들한테도 알려줬어요?"

"테스트 끝나면 팀과 공유할게요. 고생 많았어요!"

대대적인 디자인 개편을 함께 이끈 디자이너가 내 자리로 와서 테스트 관련 지표를 보여달라고 했다. 곧바로 화면을 띄워줬더니, 얼굴에

화색이 도는 게 보였다. 수많은 고객이 사용하는 서비스를 혼자서 전면부터 새롭게 디자인하고 선보였는데, 반응이 좋으니 뿌듯해하는 모습이었다.

진정으로 고객에게 큰 가치를 전하는 프로덕트를 개발하고 개선하는 일에는 디자인이 매우 큰 비중을 차지한다. 고객과 최접점에서 만나는 디자인은 고객이 편리하게 의도한 바를 고민 없이 이행할 수 있게 해줘야 한다. 시각적으로 아름답게 느끼는 디자인은 주관적인 요인으로 인해 호불호가 갈리기도 하지만, 편리하게 느껴지는 직관적 디자인은 대다수에게 통용되기 때문이다.

최고의 프로덕트 디자인은 이처럼 고객의 불편함을 덜어주는 것이라 생각한다. 더불어 회사가 추구하는 사업적 방향성도 함께 녹아들어가면, PO가 설정한 지표를 달성하는 데 크게 기여한다.

프로덕트의 프론트 엔드Front End(실제로 사용되는 화면 UX/UI 등이 구현되는 영역)를 담당하는 PO에게는 디자인이 매우 중요하다. 그래서 UX/UI 디자이너는 PO가 의도한 바를 해석하여 구현해주는 최고의 파트너가 될 수밖에 없다.

앞서 밝혔듯이, PO는 디자인을 하는 직무가 아니다. 개발팀을 위한 공유 문서를 작성하고 난 후, 나는 디자이너에게 가장 긴밀하게 설명하고 함께 달성하고자 하는 목표를 설정한다. 특히 대대적인 디자인 개편을 할 때에는 어떤 사항을 지켜야 하는지 알려주는 '가이드 원칙'을 중심으로 설명해준다. PO는 디자이너가 충분히 이해할 때까지 질의에 응해야 한다.

PO는 자신이 떠올린 기획을 디자이너에게 강요해서는 안 된다. PO는 순전히 어떤 결과를 도출해야 하는지, 그 과정에서 어떤 사항들을 지켜야 하는지 명확하게 알려주는 의무만 있을 뿐이다. 실제로 고객에게 선보일 방식은 일단 전적으로 디자이너에게 맡겨야 한다. 정해진 원칙 내에서 자유롭게 최적의 결과물을 산출할 수 있도록, PO 자신이 생각한 방식을 강요하지 않도록 한다. PO는 디자인 전문가가 아니기 때문이다.

디자이너와 협업하는 방식은 상황에 따라 다르지만, 대체적인 프로세스는 다음과 같다.

1. 개발 문서와 티켓을 공유한다.

2. 문서를 기반으로 목적, 원칙, 목표, 주요 지표, 테스트 방식, 일정 등을 설명한다.

3. 디자이너가 1차 시안을 완료할 때까지 기다린다.

4. 1차 시안 리뷰 시 피드백을 준다.

5. 내부적으로 캐주얼 UTCasual User Testing(실제 고객 테스트 전에 내부 직원을 대상으로 진행하는 사용자 테스트)를 진행한다.

6. 피드백이 반영된 2차 시안을 기다린다.

7. 실제 고객을 초대하여 UT를 진행한다.

8. 피드백이 반영된 최종 시안을 기다린다.

9. 모든 검증이 끝나면 개발팀이 작업할 수 있는 형태로 전환되도록 요청한다.

PO는 디자이너가 시안을 완료하기 전에 수시로 작업물을 공유받으려고 해서는 안 된다. 고객에게 선보일 프로덕트 디자인은 각 요소 와 페이지가 연결되어 있고, 그런 연결성을 통해 고객 경험이 형성되기 때문에 나눠서 보여달라고 하는 것은 의미가 없다. 오히려 디자이너가 자신의 업무에 집중할 수 없어서 방해만 된다.

대신, 언제까지 시안을 공유받아 리뷰를 진행할지는 협의 후 완료 예정 시간ETA으로 정해야 한다. 디자인 시안이 완성되어야 개발에 착수할 수 있고, 결국 고객에게 선보일 수 있기 때문이다.

디자이너가 시안 작업 도중 요청하는 것들은 PO가 즉각 제공해주도록 한다. 화면상에서 사용될 서비스명이나 메뉴명이 일관성 있게 유지되어야 할 경우, 필요에 따라 다른 유관 부서와 협의한 후 정하도록 한다. 예를 들어, 고객이 물건을 구매한 후 작성하는 상품평을 상품평이라고 부를지, 리뷰라고 할지, 구매후기로 정할지 등은 PO가 결정해줘야 한다. 이용 약관이나 법률상 반드시 명시해야 하는 문구는 PO가 법무팀과 협업하여 디자이너에게 제공한다.

어찌 되었건 1차 시안이 완료될 때까지 PO는 디자이너를 믿고 기다리도록 한다. 버튼 위치, 문구 구성, 색상 등은 PO가 정하는 영역이 아니다. 피드백을 주는 방법은 그다음 챕터에서 설명하겠지만, 기본적으로 PO는 디자이너에게 고객의 경험과 관련된 결정 권한을 위임해줘야 한다. 개발자에게 코드를 어떻게 짜야 하는지 알려주지 않듯이, 디자이너에게 어떤 방식으로 결과물을 도출해야 하는지 알려주는 것은 올바르지 않다.

만약 시안 작업이 진행되는 도중, 요구사항이 변경될 경우 PO는 최대한 빨리 디자이너에게 알려줘야 한다. 개발자에게 변경사항을 알려주는 것과 동일하게, 문서나 티켓 수정을 통해 기록하도록 한다.

가장 중요한 건, 디자이너가 동일한 목적 의식을 갖고 작업할 수 있도록 도움을 주는 것이다. 시안 작업이 진행되는 도중에도 스크럼 회의 등을 통해 어떤 지표를 달성해야 하는지, 그렇게 달성할 경우 고객과 회사에 끼치는 영향이 무엇인지 등을 추가적으로 설명해줘도 된다.

개발자들이 다루는 코드와 달리, 디자인 시안은 보편적으로 더 쉽게 파악할 수 있기 때문에 PO가 디자이너의 업무에 간섭할 확률이 더 높다. 디자이너가 고객 경험에 대한 전문가라는 사실을 명심하고, 최적화된 산출물이 나올 수 있도록 도움을 줘야 한다. PO가 구상하고 테스트해보고자 하는 방향성을 구현해줄 파트너라는 점을 늘 기억하라. 그래야 명확한 원칙에 기반한 훌륭한 프로덕트가 탄생할 수 있다.

과연 편리하고 직관적인 디자인인가?

"다시 왼쪽으로 스크롤해서 그 전 화면을 보여주시겠어요?"

"이 화면을 말하는 건가요?"

"네, 여기서 보이는 빨간색 알림은 화면 위에 몇 초 동안 노출되는 건가요?"

"시간 제한은 없어요."

"혹시 이 알림을 곧바로 제거할 수 있도록 X자 취소 버튼을 우측 상단에 생성해줄 수 있나요? 알림이 노출됐다는 것은 시간이 부족하기 때문에 곧바로 행동으로 옮겨야 한다는 사실을 의미하는데, 이 알림이 사용자가 꼭 봐야 하는 정보를 모두 가리고 있어요. 알림 아이콘 뒤에 가려진 정보를 바로 확인할 수 있도록 알림이 저절로 사라지게 시간 제한을 설정하거나, 사용자가 바로 제거할 수 있도록 버튼을 생성해주면 어떨까요?"

디자인 시안 리뷰 회의에서 디자이너에게 질문을 했다. 디자인 리뷰 회의에서 나는 최대한 고객 입장에서 생각해본다. 실제로 사용하는 상황을 머릿속으로 가정해보며, 고객이 어디에서 불편함을 느낄지 고민해본다. 물론 디자이너가 전문가지만, PO도 고객과 밀접한 관계를 형성하고 그들을 대변하기 때문에, 간혹 디자이너와 다른 시각에서 반문하는 것이 더 나은 프로덕트를 개발하는 데 도움이 된다.

"그다음 화면으로 돌아갈 수 있을까요?"

"이 화면이죠?"

"네, 여기에는 사용자가 참고해야 하는 시간이 총 네 가지, 각각의 행으로 목록화되어 있어요. 혹시 나열 순서의 로직이 있나요? 시간이 오전 10시, 오후 1시, 오후 6시, 오전 9시 등으로 뒤섞여 있어서 여쭤봅니다."

"완료된 것은 맨 하단으로 내렸어요."

"이 화면은 사용자가 무엇을 완료했고, 이제 또 무엇을 해야 하는지 확인하는 공간으로 활용될 듯싶어요. 그래서 화면에 들어오는 시점에 따라 나열 순서가 여러 번 바뀌면 헷갈릴 것 같아요. 어차피 각 행의 높이가 크지 않아서 네 가지 이상의 목록이 보여도 화면 하단BTF, Below the Fold 영역 아래로 잘리는 경우는 없을 것 같은데요, 혹시 시간순으로 목록을 고정해서 보여주고 각각의 진행 및 완료 여부를 우측 아이콘으로만 표기하면 어떨까요?"

PO는 사용자가 고민하지 않고 편하게 사용할 수 있는 프로덕트가 탄생하도록 질문해야 한다. 나는 절대로 디자인에 대한 시각적 코멘트를 하지 않는다. 오로지 고객이 사용할 때 어떤 느낌이 들지 가정해보며, 조금이라도 모호한 점들을 찾아내려고 노력할 뿐이다.

약 한 시간가량 남짓한 리뷰 회의에서, 처음 화면으로 접하는 시안을 바라보며 질문을 계속하기란 여간 고된 일이 아니다. 하지만 PO인 나는 초집중한 상태에서 고객으로 빙의하여 모든 사용 과정을 머릿속으로 상상해보며 토의한다. 본인의 개인적 성향 등을 모두 철저하게 배제한 채 사용성에 대해서만 논의한다.

주로 시안은 PO가 정해준 원칙 내에서 산출되기 때문에, PO가 전체적인 흐름을 단번에 파악하기는 쉽다. 하지만 처음 접하는 사용자에게는 모든 것이 새롭다. 그런 고객이 고민하지 않고 직관적으로 사용할 수 있는 프로덕트를 만들어야 한다. 그래서 PO는 완전히 처음 접하는 입장이 되어, 화면에 보이는 모든 것을 탐구하듯이 뜯어봐야 한다.

이런 절차를 거치다 보면, 간혹 언짢게 생각하는 디자이너도 있다. 자신의 산출물에 대한 비판적인 질문을 계속 듣다 보면, 직무와 상관없이 그 누구든 감정이 상할 수 있다. 한번은 1차 디자인 리뷰에서 자신의 산출물을 보호하지 않고 다른 이들이 보는 자리에서 비평하듯 질문했다고 한동안 대화를 안 하던 디자이너도 있었다. 반대로 이런 질문을 통해 자신이 놓친 점들을 발견하게 된다고 흔쾌히 받아들이는 디자이너들도 많다.

나는 디자인 리뷰 때 다음과 같은 원칙을 스스로 지키려고 하는 편이다.

1. PO는 오로지 고객을 대변하는 입장이어야 한다. 감정, 관계 등을 일체 배제한다.
2. 개발하고자 하는 기능에 대해 정한 원칙에 기반하여 판단한다.
3. 디자이너에게는 질문의 형태로만 의견을 피력한다. 절대로 지시하지 않는다.
4. 질문한 후에는 디자이너의 의견을 경청한다. 모든 시안은 고심의 결정체다.
5. 구두로 거론된 내용을 회의 직후 기록하여 전달한다. 디자이너가 선호하는 방식을 따른다.

최고의 프로덕트를 만들기 위해서 때로는 비판이 필요하다. 개인적으로는 함께 일하는 동료의 기분을 상하게 하고 싶지 않지만, 나는 이런 원칙을 스스로 상기하며 중립적인 고객의 시각으로 생각하고 말하려고 한다.

프로덕트는 여러 종류가 있기 때문에, 디자인 업무를 접하지 않는 PO도 많다. 그래서 그들이 처음 디자이너와 협업을 하다 보면 적응하는 데 어려움을 겪을 수 있다. 나는 사용자 관점에서 생각하는 방식을 트레이닝하기 위해 매우 다양한 모바일 앱과 웹사이트를 사용해보며 내가 느끼는 바를 되새기는 과정을 반복했다. 지금은 약 500개의 모바일 앱이 핸드폰에 설치되어 있는데, 한때는 1,000개가 훨씬 넘는 앱이

상시 설치된 적도 있었다. 전자상거래, 게임, SNS, 음악, 이메일, 사진 편집, 핀테크 등 분야를 막론하고 새로운 서비스는 다 사용해보려고 했다.

이는 상당히 효과적인 방법이다. 앱을 설치한 직후, 가입하는 절차나 처음 사용해보는 과정을 겪어보며 어떤 서비스가 편리했고 어떤 앱이 불편했는지 느꼈다. 그리고 그 차이가 어디에서 파생되는지 분석했다. 심지어 오랜 기간에 걸쳐 은행마다 계정을 만든 후, 어떤 은행의 송금 절차가 가장 편한지도 직접 확인했다. 핸드폰상에서 어떤 앱 아이콘이 가장 눈에 띄는지도 확인했다. 하루에도 여러 번 정렬된 앱의 조합도 바꿔가며 왜 특정 아이콘이 눈에 잘 띄는지 고민했다. 그리고 앱 아이콘 하단의 서비스 명칭도 어떤 게 눈에 잘 들어오는지 확인했다.

이런 과정을 거칠 때, 처음에는 무조건 아무런 생각 없이 접해야 한다. 비판적인 시각으로 다가가지 않고, 머릿속을 비운 채 그냥 사용해본다. 대다수의 사용자는 PO가 아니라서, 별 생각 없이 설치하고 이용하기 때문이다. 일반적인 사용자의 관점에서 바라보는 것을 연습해보는 것이 중요하다.

그렇게 사용하다가 편리함 또는 불편함을 느꼈을 경우, 기억해뒀다가 다시 원점으로 돌아가 상세히 살펴보면 된다. 그럴 때는 노출되는 안내 문구, 버튼의 배치, 사용된 색상 등도 유심히 살펴본다. 거의 동일한 이용 약관이라도, 어떤 서비스는 거부감이 없지만, 어떤 서비스는 그냥 동의하기 싫은 느낌이 드는 경우도 있다. 왜 내가 그런 차이를 느꼈는지 고민해보면 나름의 인사이트가 생기기 시작한다.

플랫폼도 다양하게 사용해보는 것이 좋다. 여기서 플랫폼이란 휴대 전화 기기 또는 PC와 같이 특정 프로세서와 운영체제로 인해 가동되는 컴퓨팅 시스템을 일컫는다. 나는 개인적으로 애플의 최신형 아이폰을 주로 사용하지만, 국내 대다수의 사용자는 구글의 안드로이드를 사용한다. 국내 스마트폰 시장의 안드로이드 점유율이 80%에 육박하기 때문이다. 그래서 대부분의 주요 서비스를 사용하는 주된 고객은 안드로이드 사용자다.

하지만 아이폰의 iOS와 타 업체 기기가 탑재한 안드로이드 OS는 디자인 체계가 상당히 다르다. iOS용 앱은 애플 휴먼 인터페이스 가이드 Apple Human Interface Guide를 따라야 하고, 안드로이드용 앱은 구글 머티리얼 디자인Google Material Design 가이드를 따라야 한다. 하나의 회사가 똑같은 앱을 만들 때도 iOS와 안드로이드용을 따로 만드는 이유다. 따라서 나는 테스트용으로 안드로이드 기기를 별도로 가지고 있다. 국내에서 활동하는 PO가 iOS 기기만 사용하면, 약 20% 고객의 관점만 이해하는 것이기 때문이다.

일반 고객을 이해하기 위해서는 스마트폰 위주로 보지만, 내부 고객을 대상으로 프로덕트를 만들 때는 PC 운영 체제와 브라우저 차이로 발생하는 요인을 살펴보기도 한다. 여기서 내부 고객이란 회사 내부의 타 부서 등을 뜻한다.

예를 들어, 코빗의 고객센터에서 일하는 직원들은 내부 직원이며, 그들이 사용하는 프로덕트는 내부에서만 사용된다. 나는 회사에서 애플 사의 맥북을 사용하지만, 운영 조직에서는 윈도우 운영 체제의 데스크톱 PC를 사용하는 경우가 많다. 그래서 PO인 내가 내부 고객을 위한 프로덕트의 디자인 산출물을 확인할 때 맥북으로만 확인할 경우, 윈도우 PC에서는 디자인이 '깨져서' 보이는 경우가 허다하다. 그래서 맥북과 윈도우 PC의 차이를 늘 염두에 두고 디자인을 살펴보는 것이 도움이 된다.

만약 자신의 프로덕트가 이미 있다면, 그것을 고객보다 많이 사용해보는 것이 무엇보다 중요하다. 앞에서도 언급했지만 쿠팡에서 만든 프로덕트 중 하나가 상품평인데, 그 누구에게도 금전적인 혜택을 제공하지 않았지만 양질의 상품평을 많이 유치할 수 있었다. 그 결과를 이뤄내기 위해, 양질의 상품평을 생성하는 경험을 최대한 직관적으로 만들어야 했다. 그래서 나는 쿠팡의 고객으로서 다양한 상품을 일상적으로 구매한 후, 배송된 상품을 사진으로 찍고, 직접 사용해보며 느낀 점을 자발적으로 작성했다. 그 결과, 수천만 명의 고객 중 꾸준히 최상의 상품평을 작성한 천 명에게만 허용된 톱 리뷰어Top Reviewer 배지를 달 수 있었다. 그렇게 경험해보며 구축한 사용자 관점 덕분에 나는 고객 경험과 디자인에 대한 비평을 할 수 있게 됐다.

다시 강조하지만, PO는 디자이너와 협업할 때 고객 입장에서 대변해야 한다. 모든 감정과 개인적인 선호도를 철저하게 배제한 후, 순전히 고객이 느낄 불편함을 제거할 목적으로 질문해야 한다. 그 과정에서 동료의 기분이 상할 것을 크게 신경 쓰지 않도록 하라.

우선순위는 고객을 위한 최적의 프로덕트를 탄생시키는 것이지, 동료의 감정을 살피는 것이 아니기 때문이다. 하지만 PO로서 스스로 고객의 관점을 터득하려고 노력한 후, 원칙에 기반한 판단과 질문만 한다면 함께 협업하는 디자이너도 PO의 의견을 존중할 거라고 믿는다.

동료 직원을 대상으로
캐주얼 UT를 하라

"이봐, 스티븐! 5분 정도 시간 돼?"

나랑 친한 동년배 외국인 PO 한 명이 불쑥 내 자리로 찾아와 의자를 끌어당겨 앉으며 물었다. 이미 내 책상 위에는 그가 들고 온 안드로이드 스마트폰이 한 대 놓여 있었다.

"자, 스티븐. 이걸 사용해봐."

"이게 뭔데?"

"묻지 말고, 그냥 사용해보면서 느낀 점을 말해줘."

그는 시안 프로토타입이 설치된 폰을 더 가까이 내밀며 말했다. 이미 그는 턱에 손을 괴고 내가 이제부터 할 말을 경청할 준비를 하고 있었다.

"여기 있는 숫자들의 의미가 무엇인지 잘 모르겠어. 판매량 순위인 건지, 선호도 순인 건지 전혀 알 수가 없어. 헷갈려."

"무슨 의미인 것 같아?"

"판매량 순위인 것 같은데, 아이콘이나 레이블이 명확하지 않아."

나는 솔직한 내 생각을 말해주었다. 그 후로 사용하며 느낀 점을 여과 없이 그대로 전했고, 그는 주요 내용을 메모했다. 하지만 그는 몇 분 동안 이뤄진 대화 중에 그 어떠한 힌트나 해답을 주지 않았다. 오로지 내가 무슨 생각을 하는지에 대해서만 질문했다.

그가 나에게 요청한 것은 캐주얼 UT다. 실제 고객을 대상으로 UTUser Test를 진행하기 전, 동료 등 내부 직원을 대상으로 간소화된 절차로 진행하는 형태를 캐주얼 UT라고 부른다.

UT에 대해서는 나중에 더 상세히 설명하겠지만, 실제 사용하는 것과 최대한 비슷한 환경을 조성한 다음, 사용자의 행동과 생각을 모니터링하는 과정을 뜻한다. 캐주얼 UT는 동료나 주변인들을 고객이라고 가정한 다음, 그들이 사용하면서 보여주는 행동을 관찰하는 절차다.

그래서 그는 테스트용 안드로이드 폰에 실제 구동하는 것처럼 보이는 디자인 시안 프로토타입을 설치한 다음, 내가 보여주는 행동을 하나하나 유심히 관찰했다. 그 과정을 통해 그는 디자이너와 2차 시안 작업과 실제 고객 대상 UT를 진행하기 전, 몇 가지 개선사항을 보완할 계획이었을 것이다.

실제 고객을 대상으로 UT를 진행하는 것은 비교적 많은 비용이 든다. 대상 고객층 중에서 UT에 응할 고객을 찾아야 하고, 그들에게 진행 과정을 사전에 설명해야 하며, 대면 또는 원격으로 진행할 때 사용될 장소와 시스템도 마련해야 한다. PO는 UT 시간을 잘 활용하기 위해 미리 준비도 철저하게 해야 한다.

하지만 캐주얼 UT는 상대적으로 저렴하게 실제 사용자의 관점을 얻을 수 있는 방법이다. 준비물은 다음과 같이 구비하면 충분하다.

1. 인비전InVision 또는 플린토Flinto 등의 프로토타이핑 툴로 만든 시안 프로토타입 파일이 설치된 스마트폰
2. 조용히 대화를 나눌 수 있는 공간

프로토타입이란 디자인 시안의 다양한 화면을 서로 순서에 맞춰 링크해둔 파일이다. 예를 들어, 첫 화면에 메뉴가 세 가지가 있다면, 각 버튼마다 해당 메뉴의 화면을 연결시켜놓는 것이다. 그러면 캐주얼 UT 대상자는 메뉴 버튼 중 하나를 눌렀을 때, 실제 그 화면으로 이동하는 것 같은 느낌을 받을 수 있다. 최대한 실제 인터넷에 연결되어 앱이 구현되는 것처럼 준비된 파일을 프로토타입이라 부른다.

캐주얼 UT 대상자는 테스트 성향에 맞춰 선정하면 된다. 한 번도 해당 서비스를 사용해보지 않은 동료라든지, 혹은 서비스를 광적으로 자주 사용하는 동료가 될 수도 있다. 여성으로만 구성할 수도 있고, 나이대를 30대로 한정하는 것도 가능하다. 주변 인물 중 적합한 대상자를 선정한 후, 시간을 조율하여 약 10분에서 15분 정도 진행하면 된다.

캐주얼 UT를 진행하는 방식은 다음과 같다.

1. "이제부터 신규 서비스를 가입하려고 합니다. 어떻게 진행할지 보여주세요" 등의 간략한 설명으로 시작한다.

2. 대상자가 사용하는 모습을 지켜본다.

3. 만약 한곳에서 오래 머물거나, 예상치 못한 행동을 보일 경우, "현재 한곳에 오래 머물고 있는데, 무엇을 하려 하나요?" 등의 질문으로 의도를 확인한다.

4. 일단 흐름을 최대한 끊지 말고, 처음부터 끝까지 사용하는 모습을 지켜보도록 한다.

5. 한 번 완료하면, 다시 처음으로 돌아가 재시도를 요청한다.

6. 이때, "방금 버튼을 눌렀다가 다시 돌아갔습니다. 왜 그랬나요?" 등의 질문을 하며 의도를 확인한다.

7. 대상자가 느끼는 점을 메모해둔다.

8. 마지막에는 대상자에게 질문할 기회를 주고, 설명할 수 있는 것들은 설명해준다.

PO는 최대한 중립적인 입장에서 관찰해야 한다. 대상자의 행동이 답답하다고 힌트를 줘서는 안 된다. 실제로 앱을 다운로드해서 사용할 고객 한 명, 한 명을 찾아가 옆에서 힌트를 줄 수는 없지 않은가? 대상자가 혼자 있는 것처럼 가정한 후 관찰한다.

대상자가 편하게 자신의 생각을 구두로 설명하도록 유도하라. 무엇을 하고자 하는지, 왜 특정 화면에 머물고 있는지, 어떤 생각을 하고 있는지 등을 물어보면 도움이 된다. 단, 모든 질문은 대상자의 의견을 얻는 형태로 물어봐야지, 절대로 힌트를 내포하고 있으면 안 된다. 예를 들어, "이 버튼을 누르면 무슨 화면이 나타날 것 같나요?" 같은 질문은 될 수 있는 한 하지 않도록 한다. 버튼의 유무를 PO가 알려주면, 대상자가 그 버튼 자체를 인지했는지 검증할 수 없기 때문이다.

캐주얼 UT를 통해 얻은 사용자 관점은 기록해뒀다가 정리해서 디자이너에게 공유한다. 가장 효율적인 방식은 PO가 캐주얼 UT를 진행하고, 디자이너가 함께 곁에서 관찰하는 것이다. 하지만 때에 따라서는 PO가 홀로 진행한 후 공유해도 무관하다.

캐주얼 UT의 목적은 실제 사용자가 느끼는 점들을 비교적 저렴한 방식으로 최대한 빨리 얻는 것이다. 대상자는 그 어떤 보상도 없이 응해주는 경우가 많으니, 본연의 업무에 재빨리 돌아갈 수 있도록 최대 15분 이내에서 진행할 것을 권장한다.

캐주얼 UT를 통해 주요 사용법과 불편한 점을 확인하는 것만으로도 충분하다. 대상자 한 명으로부터 너무 많은 것을 얻어내려고 하지 말고, 짧게 짧게 다수의 대상자를 통해 진행한 후 대다수가 느끼는 부분을 확보하는 것이 훨씬 더 유용하다. 그렇게 얻은 피드백을 최대한 신속하게 반영한 후, 실제 고객 대상 UT를 진행하면 시간을 효율적으로 활용할 수 있다.

처음 캐주얼 UT를 진행하면서 PO가 범하기 쉬운 실수는, 자기 생각을 자신도 모르게 대상자에게 피력하는 것이다. "이렇게 해보니까 편하던가요?" 같은 질문은 아무런 의미가 없다. PO는 편하길 바라겠지만, 그 질문을 받은 대상자는 이미 머릿속에 프레임이 잡혀버려서 순수하게 느낀 점을 알려줄 수 없기 때문이다. PO는 자기 자신을 투명 인간이라고 생각한 후, 최대한 정보를 알려주지 않으면서 대상자가 느끼는 점만 물어보는 것을 연습해보는 게 도움이 된다.

목적을 잘 상기하고 진행할 경우, 캐주얼 UT만큼 효율적인 방법도 없다. 진지하게 실제 고객을 대상으로 진행한다고 가정하면, 예상치도 못한 귀한 피드백을 많이 얻을 수 있다.

의견과 요구사항은 다르다

PO는 디자이너가 아니다. UX/UI 디자이너는 전문적인 지식을 토대로 고객 경험을 향상하기 위한 실력을 갖추고 있다. 그러므로 디자이너에게 UX/UI 관련 작업을 위임하는 것이 맞다.

PO는 요구사항을 전달해야 한다. 요구사항이란 프로덕트가 갖춰야 하는 기능, 고려해야 하는 제약, 추구하고자 하는 목표 등을 설명하는 것이다. 오로지 고객 중심적인 관점으로 어떤 경험을 제공해야 하는지 객관적으로 설명해야 한다.

요구사항은 의견이 아니다. PO의 개인적인 견해를 디자이너에게 전달해서는 안 된다. PO는 진정한 고객이 아니다. PO의 의견은 지극히 개인적인 것일뿐더러, 디자이너가 최상의 결과물을 도출하기에 걸림돌이 된다. PO 자신의 생각을 주입하면, 프로덕트 디자인이 애초부터 제한된 형태로 도출될 수밖에 없다.

의견과 요구사항은 다르다.

의견
- 젊은 여성 고객이 선호하는 디자인으로 해주세요.
- 이 버튼을 누르면 팝업이 여기에 떴으면 좋겠습니다.
- 문구 크기는 최대한 키웠으면 합니다.

- 색상은 하늘색 톤으로 해주세요.

요구사항
- 고객이 구매하기 전, 구매 내용을 최소 1회 확인할 수 있어야 합니다.
- 고객이 결제할 때, 할부 구매 방법을 인지할 수 있어야 합니다.
- 고객에게 궁금증이 있을 경우, 곧바로 고객센터에 연락할 수 있도록 안내해야 합니다.
- 고객이 가입할 때, 다음과 같은 두 가지 이용 약관은 반드시 노출되어야 합니다.

물론 1차나 2차 시안이 도출된 후, 고객 입장에서 피드백을 줄 수는 있다. 하지만 그때도 PO는 절대로 개인적인 견해를 덧붙여서는 안 된다. 고객이 경험해야 하는 필수 요건만 디자이너에게 전달하고, 전문가인 디자이너가 산출물에 최적의 방식으로 녹일 수 있도록 해야 한다.

PO는 디자이너가 아니고, 객관적인 요구사항만을 전해야 한다는 점을 명심하라. 디자이너에게 개인적인 의견을 강조하는 순간, 프로덕트는 고객을 위한 것이 아니라 PO를 위한 것이 되어버리기 쉽기 때문이다.

6장

개발팀과의 협업을 성과로
이끄는 애자일 전략

확실한 프로젝트 수행법, 스프린트 플래닝

"스티븐, 개발 조직이랑 스프린트 플래닝하는 것을 잘 봤어요. 몇 가지 피드백을 적어뒀는데, 잠깐만 노트 좀 찾아볼게요."

"솔직하게 피드백 줘도 괜찮아요."

"그래요, 일단 개발팀이 당신을 존중한다는 것은 분명했어요. 회고[1]를 진행하는 조직은 여기밖에 못 봤고요. 다른 팀은 회고를 진행하는 것 같지 않더라고요. 지난 스프린트에서 개선해야 하는 점들을 다시 개별적으로 짚어보면서 검토하는 것은 인상적이었어요."

"네, 회고를 통해 서로의 생각을 공유하는 건 건강하다고 봐요. 그래야 발전하지요."

"맞아요. 그리고 당신이 남들과 다른 점은, 스프린트 플래닝을 엄격하게 진행한다는 거예요. 팀 운영을 매우 타이트하게 완벽을 추구하는 것처럼 보여요. 다른 PO는 스프린트 플래닝 초반에 잠깐 들어갔다 나가는데, 당신은 끝까지 모든 걸 설명해요. 한 가지 우려되는 건, 조직이 커지거나 팀이 많아지더라도 이렇게 완벽한 운영 방식이 가능할지예요. 당신의 영향력을 더 넓히기 위해 자신의 완벽주의적인 방식을 확장성 있게 변화시켜야 할 거예요."

외국에서 온 지 얼마 안 된 동료가 우리 조직의 운영 방식을 지켜보고 싶다며 스프린트 플래닝 회의에 참석한 후 피드백을 줬다. 그는 한 시간 반가량 진행되었던 회의 내내 아무 말도 안 하고 지켜보기만 했는데, 내가 과연 이 방식을 계속 고수할 수 있을지 의문이란 듯이 의견을 건넸다.

당시 나는 두어 개의 프로덕트를 담당하고 있었고, 그 뒤로 얼마 되지 않아서 책임지는 조직과 프로덕트의 수도 몇 배가 되었다. 하지만 나는 아직도 그때와 동일한 스프린트 플래닝 방식을 추구한다. 그것이 PO의 의무라 믿기 때문이다.

스프린트 플래닝은 말 그대로 하나의 스프린트를 계획하는 회의다. '단거리 전력 질주'라는 뜻의 스프린트Sprint는 애자일[2] 방식의 조직에

---

1. 애자일에서 실행하는 실천법 중 하나로, 애자일을 애자일답게 만드는 가장 중요한 메커니즘인 피드백이 작동하도록 해준다. 팀이 정기적으로 만나 프로젝트 기간 동안 무슨 일이 있었는지, 자신들이 일하는 방식은 어떠한지 돌아보고 무엇을 개선하면 좋을지 논의한다.
2. '날렵한, 민첩한'이란 뜻의 영어단어 'Agile'에서 온 용어로, 부서 간 경계를 허물고 팀원에게 의사결정 권한을 부여해 신속하게 업무를 진행하는 조직 전략을 뜻한다.

서 2주 단위로 나눠 집중 개발하는 것을 말한다. 조직에 따라 3주나 4주로 늘리는 경우도 있지만, 주로 2주 단위로 나눠서 스프린트를 진행한다. 너무 긴 기간을 잡아 계획하다 보면 틀어질 가능성이 있기 때문에, 2주마다 성과를 측정하고 그다음 2주를 계획하는 것이다.

이런 스프린트들이 모여 한 달이 되고, 한 분기가 되고, 한 해가 된다. 그래서 매 스프린트마다 무엇을 할지 결정하고, 방향성을 올바르게 잡아주는 것이 매우 중요하다. 그 역할을 PO가 얼마나 잘 수행하는지에 따라, 그 조직의 성과는 눈에 띄게 차이가 난다. 팀 운영을 타이트하게 한다는 피드백은, 내가 한 톨의 시간도 허비하지 않으려 한다는 의미였다. 그렇다고 함께 협업하는 개발팀에게 압박을 가한다는 뜻은 아니다. 같이 어떤 목표를 달성해야 하는지, 왜 어떤 것이 우선적으로 개발되어야 하는지 등을 설명하며 설득하는 것이 PO의 역할이다. 그래서 나는 여러 조직의 스프린트 플래닝을 매주 월요일마다 진행하기 전, 일요일 오후부터 상당히 오랜 시간을 준비한다.

스프린트 플래닝에 들어가기 전, 나는 다음과 같은 내용이 정리된 문서를 작성하고 해당 개발 조직과 공유한다.

1. 이전 스프린트에 개발 완료한 것

지난 2주간 개발을 완료했거나 배포까지 해서 고객에게 선보인 기능들을 목록화하여 보여준다. 가장 임팩트가 컸던 것부터 우선적으로 나열한다. 기능의 명칭, 관련된 에픽명, 티켓 링크, 담당자Owner, 배포 일자, 주요 사항 등을 정리한다. 예시는 다음과 같다.

안드로이드 서비스 UX 개편 UX Renewal

- TICKET-1000

- Owner: 담당 개발자

- 배포 일자: 04/15

- 7일간 테스트 후 100% 적용 완료

이는 'UX Renewal'이라는 에픽 내에 포함된 안드로이드 앱 개편을 완료했다는 사실을 의미한다. 이렇게 한 스프린트 내에 완료된 것들을 1번부터 목록으로 나열한다. 스프린트 회의가 시작되면 PO가 하나씩 언급하면서, 고객과 회사에 끼친 영향을 설명한다. 주요 지표 등을 이때 공유하도록 한다. 개발자와 디자이너 등이 자신이 기여한 바가 무엇인지 명확하게 이해해야 하기 때문이다. 매 스프린트가 진행될 때마다 이런 세부 지표를 정리하고 보여주는 것이 PO의 역할이다.

2. 이전 스프린트에서 개발을 완료하지 못한 것

때로는 여러 가지 사유로 하나의 스프린트 내에 계획된 바를 못 이루는 경우가 있다. 이런 개발물을 별도로 정리해서 팀에 공유해야 그다음 스프린트의 계획에 대한 이해도를 높일 수 있다. 만약 개발 계획이 취소된 경우라면 간단하게 취소된 사유를 설명하면 된다. 하지만 다른 이유로 완료가 늦춰진 경우라면 그다음 스프린트에 이어서 할지 여부를 알려준다. 이렇게 한 스프린트 내에 끝내지 못해 그다음으로 넘어가는 것을 스필오버Spillover라고 부르기도 한다.

작성 방식은 개발 완료된 기능의 목록과 비슷하다.

iOS 서비스 UX 개편 `UX Renewal`

- TICKET-1001
- Owner : 담당 개발자
- ETA : 04/15
- QA 도중 발견한 버그 수정을 위해 앱스토어 등록 연기

중대한 실수로 인한 것이 아니라면, 한 스프린트 내에 완료하지 못했다는 사실을 비판적으로 명시할 필요가 없다. 목적은 투명하게 무엇이 완료되지 못했다는 사실을 공유하기 위한 것이지, 절대로 누군가를 비판하기 위한 것이 아니다. PO는 이렇게 완료하지 못한 것을 그다음 스프린트에 이어서 개발할지 등을 명확하게 알려주면 된다.

3. 이전 스프린트에 발생한 기술적 이슈 또는 버그

간혹 이미 서비스되고 있는 프로덕트나 새롭게 선보인 기능이 문제를 일으킬 수 있다. 에러나 버그 등이 발생했고, 특히 고객에게 직·간접적인 영향을 끼쳤을 경우에는 반드시 이를 기록하고 논의하라. 주로 이런 이슈가 발생하면, 곧바로 개발팀이 대응한 후에 별도의 회의를 소집하여 약 30분에서 한 시간가량 '인시던트 리뷰Incident Review'를 진행한다. 원인, 대응 방식, 개선책 등을 심도 깊게 논의하는 자리다.

이런 인시던트 리뷰가 별도로 진행되었더라도, 스프린트 플래닝 회의

때 한 번 더 언급할 필요가 있다. 무엇이 문제였는지, 그리고 이런 이슈가 재발하지 않으려면 어떻게 해야 하는지 상기하는 것이 목적이다.

기술적 이슈가 없었을 경우에는 이 섹션을 빈칸으로 놔둔다. 이슈가 없었던 스프린트에서는 잘했다고 독려하기도 한다. 만약 공유해야 할 버그가 발생했을 경우에는, 다음과 같이 기록해둔다.

iOS 사진 5장 이상 등록 불가

- INCIDENT-2000
- 발생일: 04/12
- 고객 임팩트: 04/12 오전 8시부터 약 20분가량 iOS 사용자 중 다수의 사진 등록을 시도한 000,000명이 일시적으로 업로드 불가
- 04/16에 Incident Review 진행 완료

조직 전체가 문제를 인지하고 재발하지 않도록 상기하는 것이 목적이기 때문에, 누군가를 비판해서는 안 된다. 이미 발생한 이슈를 중립적으로 검토한 후 서로 재발 방지 방식에 대해 인식하도록 PO가 대화를 주도한다.

4. 이전 스프린트에 대한 회고

지난 2주간 조직원 각자가 느꼈던 좋은 점과 개선해야 할 점을 기록하고 공유하는 섹션이다. 나는 스프린트 플래닝을 시작하기 전까지 각자 자신에게 할당된 빈칸을 미리 채우고 회의에 참석하기를 요청한다.

		잘한 점 (Good)	개선해야 할 점 (Need to Improve)
1	개발자 A 이름		
2	개발자 B 이름		
3	디자이너 이름		
4	개발 매니저 이름		
5	PO 이름		

위와 같은 형태의 표를 만들어서 문서에 포함하면, 각자 회의 전까지 내용을 채운다.

잘한 점은 자기 자신에 대해 적어도 괜찮지만, 주로 조직 전체나 다른 이의 기여에 대해 공유하는 게 도움이 된다. 본인 스스로에게만 집중하지 않고, 조직 전체를 바라보며 잘한 점을 인식하도록 한다. 여기서 거론되는 잘한 점은 계속해서 유지되어야 하는 것들이라고 모두가 이해하면 좋다. 예를 들면, 다음과 같이 적을 수 있다.

스텔라가 품질 테스트를 자동화했기 때문에, 배포하기 전에 검증하는 수고를 덜 수 있었다.

—

04/12 오전에 갑작스럽게 평소와 달리 사진 업로드 수가 확연하게 줄어들었다는 점을 시스템이 포착하고 알림을 띄울 수 있도록 개발한 덕분에 문제를 곧바로 해결할 수 있었다.

개선해야 할 점 또한, 자기 자신을 포함하여 조직원이나 팀 전체가 개선해야 할 점을 허심탄회하게 공유한다. 누군가를 비판하는 것이 아니라 조직이 발전하기 위해, 그리고 궁극적으로 고객에게 더 나은 프로덕트를 선보이기 위해 짚고 넘어가야 한다는 것을 인지한다. 예를 들면, 다음과 같이 적을 수 있다.

토마스가 다른 팀과 소통할 때 구두로만 설명했기 때문에, 그 개발팀이 여러 번에 걸쳐 질문했다. 앞으로는 문서에 기록해서 공유하면 도움이 될 것 같다.

―

오전마다 진행하는 스크럼 회의가 조금씩 길어지고 있다. 15분 내로 끝낼 수 있도록 각자 간소화하고, 필요하면 관련자들만 소집된 별도 회의를 잡았으면 한다.

다른 이를 비판하는 것이라는 생각이 들어서 잘 적지 않는 팀원들도 꽤 많다. 모두가 참여할 수 있도록 PO가 개발 매니저와 함께 분위기를 잘 형성한다. 이때 PO가 스스로에 대한 비판도 하고, 앞으로 어떻게 개선할지 알리는 것도 도움이 된다.

스프린트 플래닝 회의 때는, 이번 스프린트에 팀원들이 적은 것들을 검토하기 전, 그 전 스프린트에 작성된 문서를 먼저 열람한다. 그 전 스프린트에서 각자 적은 개선점들을 스스로 하나씩 기론하며 2주 동안 어떻게 개선했는지 설명하는 시간을 먼저 가진다. 한 번 적고 잊어버리는 것이 아니라, 2주 후에 다시 검토하기 때문에 팀원들은 계속해서 개선책을 추구하게 된다.

이렇게 각자 개선하려 했던 점을 논의한 후, 다시 이번 스프린트 문서로 돌아와 각자 순서대로 잘한 점과 개선해야 할 점을 설명한다. 이때 다른 팀원이나 PO가 궁금해하는 점은 질문도 하고, 의견을 자유롭게 건네도 된다.

5. 이번 분기의 OKR 달성 상황

매 분기마다 OKR을 설정했거나, 혹은 기타 성공 지표를 목표로 삼았다면 그것들을 나열한 후 해당 주간의 상태를 검토하는 시간을 가진다. PO가 미리 각각 OKR을 검토하고, 필요에 따라 관련 수치나 그래프를 미리 문서에 기입해둔다.

모든 조직은 특정 목표를 가지고 개발하고 있기 때문에, OKR 달성이 가능할지 아닌지 2주마다 가늠해보는 기회가 된다. 만약 OKR 달성이 어려워 보이면, 그 스프린트를 포함하여 남은 시간 동안 어떤 노력을 해야 할지 논의한다. 개발 조직이 수치를 매일 보기는 어렵기 때문에, PO가 주의 깊게 살펴보다 이상 기후가 포착되면 이때 모두에게 공유한다.

6. 이번 스프린트에 개발해야 하는 것

앞으로 2주간 무엇을 개발해야 하는지 정리한 목록이다. 이 또한 가장 중요한 것부터 순서를 나열한다. 앞서 논의한 것처럼 우선순위가 PO

나 P1인 것들이 당연히 목록 상단에 위치하게 된다. 목록 하단으로 내려갈수록 부수적인 개발물이다. 심지어 혹시라도 시간이 날 경우 고려해볼 것들을 맨 밑에 적어놓기도 한다.

PO가 이 스프린트 플래닝 문서에서 딱 한 가지만 해야 한다면, 이 섹션을 골라야 한다. 앞으로 2주간 어떤 목표를 향해, 무엇을 왜 해야 하는지 설명하는 목록이기 때문이다. 우선순위를 정해서 한정된 개발자원이 어떻게 할애되어야 할지를 결정해주도록 한다.

나열되는 사항은 이전 스프린트에 완료한 목록과 비슷하게 작성하면 된다.

iOS 서비스 UX 개편   UX Renewal

- TICKET-1001
- Owner : 담당 개발자
- ETA : 04/22

PC 로그인 페이지 개편   Usability

- TICKET-1002
- Owner : 담당 개발자
- ETA : 04/25

조직 규모에 따라 천차만별이겠지만, 주로 10~15개의 기능을 나열하게 된다. PO는 어떤 우선순위로 목록을 구성했는지 반드시 설명해주기 바란다. 고객에 끼치는 영향, OKR 달성 여부 등을 종합적으로 거론하며 각각의 중요도를 명확하게 알려주는 것이 PO의 역할이다.

각 항목에 포함된 티켓을 미리 생성하는 것도 PO의 몫이다. 해당 티켓에 기재된 상세 내용을 기반으로, 개발팀은 각자 얼마만큼의 공수가 들지 산정할 수 있기 때문이다. 필요에 따라 PO가 생성한 티켓에 개발자가 서브 태스크 티켓을 직접 생성할 수도 있다.

이와 같은 문서를 기반으로 스프린트 플래닝 회의를 진행하면, 모두가 앞으로 2주간 무엇을 왜 해야 하는지 이해할 수 있을 것이다.

어떤 조직에서는 회고를 아예 안 하거나, 별도의 회의를 잡아서 진행하기도 한다. 하지만 나는 회고를 위해 또 다른 회의를 소집하는 것은 시간 낭비라고 생각한다. 그 회의에 참석하느라 팀원들이 자기 일에 집중하던 시간이 흐트러지기 때문이다. 그래서 나는 스프린트 플래닝 회의를 할 때 회고를 함께 진행한다. 한번은 분위기가 안 좋아질 수 있다는 우려로 회고를 별도로 진행하자는 의견도 있었다. 하지만 여태껏 이렇게 진행했을 때 문제가 된 적은 한 번도 없었다. 이것이 서로를 비판하려는 것이 아니라, 함께 발전하기 위한 방식이라는 점을 충분히 이해하면 감정이 상할 이유가 사라지기 때문이다.

조직이 크거나 동시 다발적으로 진행되는 프로젝트가 많을 때는, 프리 플래닝Pre-Planning 회의를 소집하기도 한다. 이때는 PO가 개발 매니저, 디자이너, 기술 매니저TPM 등 극소수와 함께 미리 문서에 나열된 개발물을 검토한다. 프리 플래닝 회의의 목적은 개발자나 디자이너 자원을 감안하여 얼마만큼이 실제로 진행될 수 있는지 서로 검토 및 조율하는 것이다. 만약 휴가 때문에 개발자 자원이 부족한 경우, PO는 이 자리에서 특정 개발물의 완료 예정 시간ETA을 미루거나 우선순위를 조정해야 할 수도 있다. 아울러, 만약 개발 매니저가 판단하기에 꼭 이뤄져야 하는 기술 개선사항이 있을 경우, 이를 PO에게 공유하여 우선순위 상단에 포함할 수도 있다. 예를 들어, 공공기관이 특정 일자까지 요구하는 보안 기능을 꼭 포함해야 할 경우, PO가 정한 목록의 우선순위를 재정리하여 이를 포함하는 것이다.

다시 한 번 강조하지만, 2주짜리 스프린트가 모여서 한 달, 한 분기, 한 해의 방향성과 결과물이 결정된다. PO는 개발자 및 디자이너 리소스 등을 감안하여, 최적의 우선순위를 짜도록 한다. 한정된 자원과 시간을 활용하여 고객에게 가장 많은 가치를 선보이고, 회사의 발전에도 기여해야 하기 때문이다. 매 스프린트마다 충분히 준비해야 최대한 많은 결과를 얻을 수 있다는 점을 늘 명심하라.

완료일을 언제로 잡는 것이
시기적절한가

"스티븐, 혹시 디자이너가 언제 최종 시안을 전해줄지 알아요? 그게 없으면 개발을 시작할 수 없어서요."

"왜 개발을 시작할 수 없어요? 최종 시안은 몇 가지의 마이너한 부분만 수정하는 거라서, 전체적인 프로세스와 로직은 정해졌잖아요. 미리 백엔드 개발부터 들어가면 안 될까요?"

아예 새로운 모바일 앱을 개발하려고 하는데, 개발 매니저가 디자인 시안이 최종적으로 완성되지 않았기 때문에 개발을 시작할 수 없다고 말했다. 나는 누군가가 병목이 되는 것을 원치 않는다. 그런데 이 상황에서 나는 디자이너가 병목이라는 생각이 들지 않아서 되물었다. 꼭 최종본이 완성되지 않더라도 백엔드 개발은 시작할 수 있기 때문이다.

개발에 필요한 공수 산정은 개발자와 개발 매니저에게 맡겨라. 디자인 시안에 필요한 공수 산정 또한 디자이너에게 맡긴다. 하지만 무조건 그들의 의견에 귀 기울여 개발 완료 일자를 정해서는 안 된다. 존중하고 참고하되, PO는 고객에 선보여야 하거나 회사가 꼭 달성해야 하는 목표를 위해 일정을 최종적으로 조율해야 한다.

PO가 범하기 쉬운 실수 중 하나가 일방적으로 완료 예정 시간ETA을 개발 조직에 강요하거나, 혹은 반대로 개발 조직의 의견에만 의존하여 ETA를 역으로 산정하는 것이다.

전자의 경우, PO가 개발 조직과 원만한 관계를 유지할 수 없을 것이다. 그 누구도 공수에 필요한 산정 과정을 무시한 채 특정 일자를 강요당하는 것을 원하지 않기 때문이다. 분명 세 명의 개발자가 8일 동안 개발해야 겨우 테스트를 시작할 수 있는데, 이를 무시하고 PO가 4일 내에 끝내라고 못 박아버리면 협업이 이뤄질 수 없다.

이때 개발 조직이 반발하면, PO가 언짢아하거나, 화를 내거나, 혹은 대표님이 시켰기 때문에 꼭 그때까지 해야 한다고 말하는 경우도 봤다. 이건 PO 스스로가 자신의 권위를 박탈시키는 행위다. 물리적으로 불가능한 일정이 주어질 경우, 그 상황을 잘 설명하여 일정을 조율하는 것이 PO의 역할이다. 무조건 경영진이 원한다고 일자를 강요하고, 그것이 지켜지도록 압박해서는 안 된다. 그런 압박 속에서 만들어진 개발물의 완성도가 높을 리 없기 때문에, 오히려 궁극적으로 고객에게 안 좋은 경험을 선보이는 경우가 발생할 수도 있다.

반대로 개발 조직이 산정한 일자를 굳게 믿고 ETA를 설정하는 것도 옳지 않다. 만약 개발 일정이 예상보다 길게 산정될 경우, 개발 매니저와 긴밀하게 논의하여 왜 그렇게 길어지는지 파악하는 것이 PO의 역할이다. 그런데 이 과정을 생략하고 개발팀이 산정한 일자만 듣고 경영진이나 다른 부서에 완료 일자를 통보만 할 경우, PO의 역할을 제대로 했다고 보기 어렵다.

이런 경우는 극히 드물겠지만, 개발팀이 느슨하게 일하고 싶어 할 수도 있다. 일부러 공수 산정을 널널하게 했는데, PO가 그걸 그대로 믿어버리면 그 조직은 비교적 적은 성과를 낼 수밖에 없을 것이다.

PO는 일방적으로 강요하지도, 일방적으로 강요받지도 말아야 한다. 고객에게 선보여야 하는 일정, 사업적으로 달성해야 하는 목표, 개발 조직의 여건 등을 두루 고려한 후 최적의 완료 일정을 협의하도록 한다.

적절하게 반문하며 왜 일정을 맞출 수 없는지 충분히 파악하도록 하자. 만약 특정 기능을 하나 제거하거나, 그다음 버전에 적용하기로 잠시 미룰 경우 기존 ETA를 맞출 수도 있기 때문이다. 아니면 우선순위 조정을 통해 불필요한 개발물 하나를 다음으로 미루고, 몇 명의 개발자를 다른 업무에 투입시킬 수도 있다. 혹은 디자이너에 할당된 업무 중 하나를 미룰 경우, 더 중요한 프로젝트 완료에 집중할 수도 있다. 이렇게 PO는 수많은 가능성을 열어두고 검토한 다음, 개발 조직 및 디자이너와 솔직하게 의논하며 최적의 일정을 산정해야 한다.

한정된 자원과 시간 내에 최대한 많은 가치를 선보이는 것이 PO의 책임이다. 원만한 관계를 유지하며 반문과 집중 탐구를 통해 그 목적을 달성할 수 있도록 노력하기 바란다.

모든 질문에 대답할 수 있는
소통의 기술

"이걸 개발하려면 그 팀과 협업해야 하는데, 그쪽은 알고 있어요?"

"그래서 이미 다음 주 초로 회의를 잡아뒀어요. 그때까지 궁금한 점들을 적어뒀다가 회의 때 확인하면 어떨까요?"

오전 스크럼 회의 도중 개발자가 물었다. 다행히 내가 이미 회의를 계획해뒀기에, 개발 일정의 차질은 빚어지지 않았다.

상당히 많은 프로덕트가 타 개발팀과의 협업을 통해 탄생한다. PO는 이런 경우를 최대한 미리 파악해서, 상대 개발팀과 일하는 PO와 미리 협의해놓는다. 주로 분기가 끝날 때, 그다음 분기의 OKR 및 주요 개발사항을 정리한 후 다른 조직의 PO와 개별적으로 논의한다. 서로의 우선순위가 어느 정도 맞아야 개발팀 간의 협업이 가능하기 때문이다.

이렇게 협의가 이뤄진 후, 적절한 시점에 PO가 회의를 소집한다. 가능하면 함께 개발하고자 하는 기능에 대한 문서를 미리 만들어서 공유하는 것이 도움이 된다. 부득이하게 미리 정의하지 못하더라도, 해당 회의에서 PO가 주도적으로 왜 그 기능을 개발해야 하는지에 대해 설명하도록 한다. 양측 모두 충분히 이해한 상태에서 개발에 착수해야 하기 때문에, 모든 질문에 대답해줘야 한다.

개발자가 직접 고객과 소통하거나 유관 부서와 협의하는 상황이 발생해서는 안 된다. 개발자와 디자이너가 최대한 본연의 업무에 집중할 수 있도록, PO가 대신 소통을 책임지는 것이다. 특히 쿠팡처럼 전국적으로 물류센터 등이 분포되어 있을 경우, 개발자가 각 현장 담당자의 의견을 듣기가 쉽지 않다. 그래서 나는 주기적으로 전국 곳곳의 현장을 들러 직접 유관 부서원들을 만나고 의견을 취합한다. 그리고 이를 오전 스크럼 회의나 스프린트 플래닝 회의 때 개발 조직과 공유한다.

PO는 개발자나 디자이너가 그 어떤 질문이든 편하게 물어볼 수 있는 환경을 조성해야 한다. 자발적으로 매우 다양한 질문을 하는 개발자나 디자이너, 데이터 과학자가 있는 반면, 한마디도 안 하고 조용히 경청만 하는 조직원들도 있다. 활발한 이들이 물어보는 질문에는 대답을 곧바로 해주면 되지만, 만약 말수가 적은 팀과 일하게 될 경우에는 미리 알아서 설명을 더 많이 해줘야 한다. 그리고 반드시 "더 궁금한 점은 없나요?"라고 물어보면서 질문을 유도한다.

"스티븐, 왜 그 현장에서는 우리가 예측했던 방식과 달리 운영하는지 알아요?"

"사실 저도 궁금해서 회의 끝나면 물어보려고 했어요. 이왕 말이 나왔으니 2분만 시간을 줄래요? 지금 담당자에게 전화해서 물어볼게요."

나는 종종 회의 도중에도 개발 조직이 궁금해하는 점이 있을 경우, 곧바로 해소해주려고 한다. 회의 도중 다른 유관 부서나 현장 담당자 등에게 전화하는 것은 흔히 발생하는 일이다. 예의가 아니라고 느껴질 수도 있지만, PO의 입장에서는 팀원들의 궁금증을 빨리 해소해준 후, 명확한 요구사항을 정립하는 게 훨씬 중요하다.

나는 단 한순간도 개발이 정체되는 것을 스스로 용납하지 않는다. 상황이 애매하거나, 고객의 요구사항이 부정확하거나, 개발 착수를 위해 필요한 게 있다면 최대한 빨리 해결하려고 한다. 내가 병목이 되어서는 안 되고, 함께 일하는 팀원들이 불필요한 것에 대해 고민하지 않길 바라기 때문이다.

PO는 늘 다른 팀원보다 조금 더 멀리 내다보고 있어야 한다. 개발자나 디자이너가 궁금해하기도 전에, 최대한 미리 정의를 다 해놓고 제공하는 것이 최적화된 협업 방식이라고 생각한다. 고객이 무엇을 원하는지, 협업하는 유관 부서의 상황은 어떤지, 언제까지 필요한 요소들이 완성되는지 등, 팀원들이 언젠가 물어볼 것 같은 질문을 미리 예상하고 답을 마련하라. 단 1초라도 허비하지 않고 계획된 스프린트 플래닝에 맞춰 나아갈 수 있도록 말이다. 프로덕트를 고객에게 원활하게 선보이려면, 팀원들이 집중할 수 있도록 PO는 모든 것에 미리 대답해 둬야 한다.

속도와 확장성 사이에서 고민하라

PO는 개발자가 아니다. 개발자 출신일 수는 있어도, PO가 된 이상 개발 업무는 개발자에게 위임해야 한다. 그렇다고 개발에 대한 피드백을 주지 말라는 의미는 아니다.

프로덕트는 주로 성장을 염두에 두고 만들어진다. 프로덕트가 고객으로부터 사랑받으면 서비스 규모도 커지고, 회사도 커지게 된다. 그러면 더 많은 고객이 프로덕트를 사용하게 된다. 프로덕트가 그 많은 고객을 수용할 수 없는 상태라면, 원치 않을 때에 서비스가 중단될 수도 있다. 그래서 성장 가능성을 반드시 고려해야 한다.

확장성을 의미하는 스케일러빌리티Scalability는 아무리 강조해도 지나치지 않다. 현재 상황만을 감안하지 않고, 앞으로 서비스가 2배, 5배, 심지어 수십 배까지 급속도로 커질 수 있다고 전제해보는 것이 도움이 된다. 하지만 확장성이 강한 아키텍처Architecture(컴퓨터 시스템 또는 코드의 구성)를 구현하는 데 비교적 많은 투자 비용이 들 수 있다. 더 많은 고민을 해보고, 더 많은 검증을 하고, 더 많은 시간을 쓰고, 더 많이 테스트해야 한다.

PO는 확장성을 추구하되, 속도도 감안해야 한다. 한 가지 비유를 들어보자. 이미 지어진 아파트 건물이 있다. 그 건물의 외벽을 새롭게 칠하고, 유리를 닦고, 인테리어를 부분적으로 개선하는 것은 비교적 쉽다. 하지만 건물을 증축하거나, 입구를 새롭게 뚫거나, 엘리베이터를 추가 설치하는 것은 상당히 어렵다. 특히 이미 거주자가 아파트에 살고 있는 상황에서 이렇게 하는 것은 거의 불가능에 가깝다.

프로덕트를 이미 수많은 고객이 사용하고 있는 상황에서, 증축이나 추가 설치로 구성을 바꾸기란 어려운 일이다. 당장 눈앞에 닥쳐서 개선해야 하는 것들을 처리하는 것이 PO나 개발자들에게도 쉽다. 비교적 빨리 처리할 수 있기 때문이다. 하지만 그렇게 되면 프로덕트가 성장하기 어렵다. 이때, 속도와 성장 중에서 고민하고 결론을 내려야 하는 존재가 PO다.

PO는 다음과 같은 질문을 해야 한다.

- 새로운 아키텍처를 도입할 경우, 소요되는 시간 동안 다른 개선을 안 해도 되는가?
- 개발자들이 온전히 확장성을 위해 몰두할 수 있도록 백로그를 관리할 수 있는가?
- 꼭 당장 확장성을 고민하고 고집해야 하는 상황인가?
- 현재와 미래 고객에게는 어떤 가치가 더 중요할까?

만약 확장성 등의 아키텍처 개선을 염두에 둔다면, PO는 호출 시간을 뜻하는 레이턴시Latency도 고려해야 한다. 레이턴시란 고객이 특정 앱이나 웹사이트 페이지에 들어갈 경우, 전체 콘텐츠가 로딩되는 시간 등을 의미한다. 레이턴시가 적을수록, 더 빨리 로딩된다. 그러면 고객의 경험이 쾌적해진다. 물론 개별 네트워크나 통신사 망의 상태 등에 따라 속도 차이는 있겠지만, 전반적으로 개발물의 아키텍처가 잘 짜여 있으면 레이턴시도 줄일 수 있다.

PO는 개발팀과 늘 확장성, 속도, 안정성 등을 함께 논의해야 한다. 적절한 시기에 대규모 투자를 할 수 있도록 백로그를 잘 관리하라.

7장

고객 테스트 결과만큼
강력한 데이터는 없다

사용자 테스트UT로
문제점을 보완하라

"다 잘하셨는데, 중간에 UT 대상자가 직접 스크롤해보고 잠시 고민할 수 있도록 시간을 주면 좋을 것 같아요. 바로 질문하지 말고 조금만 지켜보세요."

"네, 알겠습니다. 이제 곧바로 그다음 분 시작해야죠? 다시 다른 방으로 돌아갈게요."

캐주얼 UT가 아닌, 실제 사용 고객을 대상으로 테스트하는 정식 UT 도중 잠시 다른 방으로 가 전문가로부터 조언을 들었다. UT가 있는 날에는 나도 모르게 약간 긴장하게 된다.

PO는 고객을 대신하여 더 나은 경험을 제공하기 위해 고민하는 직업이지만, 때로는 고객으로부터 직접 듣지 않으면 놓치는 점들도 많다.

그래서 새로운 프로덕트를 만들거나 신규 기능을 추가할 때, 반드시 UT를 거치길 권장한다. PO나 디자이너가 간과했던 사실들을 효과적으로 확인할 수 있기 때문이다. UT를 한 번 진행하는 데는 많은 노력이 들어간다. 먼저, PO의 요구사항에 맞춰 디자이너가 1차, 2차 시안 등을 완성한 후 내부 검토와 캐주얼 UT를 통해 얻은 피드백까지 반영한다. 거의 최종에 가까운 이 시안을 기반으로 UT 대상자가 직접 사용할 프로토타입을 만든다. 캐주얼 UT 때 사용되는 것과 비슷하게 인비전 또는 플린토같은 툴로 디자이너가 완성한다.

프로토타입이 완성되는 동안, PO는 UT를 준비한다. 일단, 대상군을 정의하여 최소 세 명 이상의 대상자를 선정한다. 조건은 테스트하고자 하는 프로덕트에 맞춰 정하면 된다. 예를 들어, 코빗 같은 암호화폐 거래소가 UT를 진행한다면, 단 한 번도 암호화폐를 거래해보지 않은 대상자를 찾아도 되고, 혹은 가장 거래량이 많은 나이대의 헤비 트레이더를 선정해도 된다. 신규 유입을 원활하게 할 기능을 테스트할 거면 전혀 사용해보지 않은 고객을 찾는 것이 맞고, 거래 빈도를 높이기 위한 편의성을 테스트해보고 싶으면 헤비 트레이더가 적합할 것이다. 어찌 되었건 조건을 명확하게 정의한 후, 대상자를 섭외해야 한다.

그 후 PO는 테스트 도중 검증해야 할 사항들을 미리 정리해놓는다. UT를 직접 모더레이팅Moderating(진행)할 PO는 물론, 다른 방에서 지켜볼 디자이너, 그리고 그 외 UT 전문 부서원들이 확인할 수 있도록 문서화한다. 만약 음식 배달 서비스 앱의 신규 주문 방식을 테스트해보고자 한다면, 다음 예시와 같이 사전 정리를 할 수 있다.

	화면	검증해야 할 사항
1	홈 화면	- 사용자가 홈 화면에서 음식을 선택하는 방식을 이해한다 - 사용자가 홈 화면에서 특정 음식을 검색할 수 있다 - 사용자가 홈 화면에서 이전에 주문했던 음식을 불러올 수 있다
2	벤더 목록	- 사용자가 수많은 업체 중 자신이 원하는 식당을 선택할 수 있다 - 사용자가 다양한 카테고리 중 하나를 선택하여 이동할 수 있다 - 사용자가 특정 식당 페이지로 진입하는 방법을 인지한다
3	벤더 화면	- 사용자가 메뉴를 확인할 수 있다 - 사용자가 사진을 어떻게 확인하는지 안다 - 사용자가 신규 주문 버튼을 인지한다
4	주문 화면	- 사용자가 주문하려는 음식과 가격을 확인할 수 있다 - 사용자가 주문 시 사용할 결제 정보를 알고 있다 - 사용자가 주문 시 메모 남기는 방법을 인지한다

이렇게 미리 문서화해 놓는 이유는 PO가 UT를 진행하는 중에 대상자가 주요 기능을 잘 이해하는지 확인하기 위해서다. 만약 PO가 주요 내용을 검증하지 않는다면, 다른 방에서 지켜보는 디자이너나 전문가가 메신저 등을 통해 PO에게 귀띔해줄 수도 있다. 사전에 무엇을 확인하고자 하는지 정리해놓으면 PO 자신에게도 도움이 된다.

UT를 진행하는 방식은 크게 두 가지로 나뉜다. 직접 대상자를 마주보는 자리에서 대면으로 진행하는 방식과 유선으로 연결한 다음 원격으로 진행하는 방식이다. 직접 대상자를 초빙하여 진행하는 방법은 대상자에게도 꽤 비효율적이어서, 대상자를 섭외하는 게 비교적 어렵다.

반대로 원격으로 진행하는 UT는 대상자가 테스트하는 데 걸리는 시간이 최대 45분 정도밖에 걸리지 않기 때문에 섭외에 응할 대상자가 풍부하다.

UT를 원격으로 진행한다고 가정해보면, 다음과 같은 절차로 준비를 마치면 된다.

1. 대상자의 스마트폰에 원격으로 제어 가능한 소프트웨어를 설치한다.
2. 대상자의 스마트폰에 테스트하고자 하는 시안의 프로토타입을 설치한다.
3. 양측이 유선상으로 대화 가능하도록 전화기를 준비한다.
4. 디자이너 등 다른 사람들이 지켜볼 수 있도록 별도의 공간에 모니터와 전화기를 준비한다.
5. PO와 디자이너가 UT 도중 소통할 수 있도록 컴퓨터의 메신저를 켜둔다.

UT의 목적은 대상자가 처음 접하는 기능 또는 디자인을 어떻게 사용하는지 관찰하는 것이다. 그 과정에서 불편함을 느끼거나 예상치 못한 돌발 행동을 할 경우, 왜 그렇게 하는지 원인을 파악하도록 한다. 이를 통해 종합한 피드백을 토대로 최종 시안 작업을 하면 된다. 실제로 수많은 고객에게 출시하기 전, 미리 시뮬레이션을 통해 반응을 확인해보는 절차라고 이해하면 편하다.

PO는 대상자가 편하게 사용할 수 있도록 환경을 조성해주도록 한다. 대부분의 대상자들은 UT가 생소한 절차라 어색하게 느낀다. 약속한 시간에 통화가 연결되면, PO는 다음과 같은 절차를 따르면 된다.

1. 대상자에게 간략하게 인사를 한다.

2. 정답을 확인하려는 것이 아니라, 어떻게 사용하는지 보려는 것이니 편하게 행동하라고 당부한다.

3. 사용하는 동안 머릿속에 떠오르는 생각 등을 자유롭게 말해달라고 부탁한다.

4. 궁금한 점은 모든 절차가 끝난 후 질문해도 된다고 말한다.

5. 소요 예상 시간을 안내한다.

6. "오늘은 음식 배달을 위해 서비스를 사용하는 모습을 확인하려 하니, 음식을 주문해보세요"라고 간략하게 상황을 설명한 후 UT를 시작한다.

대상자는 그 순간부터 자신의 스마트폰에 설치된 프로토타입을 실제 앱인 것처럼 사용할 것이다. 그걸 PO와 디자이너는 각자의 방에서 원격으로 화면을 통해 확인할 수 있다. 대상자가 홈 화면에서부터 화면을 스크롤하거나 식당 목록으로 이동할 것이다. 캐주얼 UT와 마찬가지로 처음에는 대상자가 이상한 돌발 행동을 하지 않는 이상, 전체 흐름을 스스로 경험해볼 수 있도록 관여하지 않는 것이 좋다.

앞에서도 언급했지만, UT를 진행하면서 PO는 최대한 힌트를 주지 않도록 한다. 대신, 다음과 같은 질문을 통해 인사이트를 도출할 수 있다.

- 방금 홈 화면에서 약 5초간 아무런 행동도 보이지 않고 "음"이라는 소리를 내셨어요. 무슨 생각을 하셨나요?

- 화면 하단으로 스크롤했다가 다시 급하게 상단으로 이동하셨어요. 왜 그러셨나요?
- 진행하던 주문을 취소하고 싶다고 가정해볼게요. 어떻게 취소하실 건가요?
- 방금 이 버튼을 누르려고 시도하셨어요. 버튼을 누르면 어떤 현상이 나타날 거라 예상하시나요?

PO는 질문을 통해 특정 행동이나 답변을 유도해서는 안 된다. 상황을 가정해본 후 어떻게 사용하는지 확인하는 것은 가능하다. 하지만 "화면 좌측 상단에 있는 메뉴를 선택하면 어떤 화면이 나타날 거라 예상하시나요?" 같은 질문은 피해야 한다. 대상자가 화면 좌측 상단에 메뉴가 있었는지 몰랐을 수도 있는데, 알려줬기 때문이다. 그리고 그걸 누르면 다른 화면이 나올 거라고 미리 귀띔하는 꼴이 된다.

UT를 진행할 때 PO는 대상자의 언행을 하나하나 짚어보며 관찰하느라 여유가 많이 없다. 따라서 대상자가 보이는 행동을 다른 방에서 디자이너가 메모해주는 것이 좋다. PO가 이미 작성한 문서 우측에 메모를 위한 열을 만들어두면 편리하다. 거기에 간단하게 적어두는 것만으로도 UT가 끝난 직후 정리하는 데 도움이 많이 된다. 특히 하루에 UT를 세 번 정도 할 경우, 대상자가 각각 보여준 행동을 구분하기 위해서라도 메모는 반드시 필요하다.

사전에 검증하려고 적어둔 것들을 모두 확인했다면, 이제 UT를 마무리할 차례다. 단, 무작정 UT를 종료하기 전에 대상자에게 잠시 대기를 요청한 후, 메신저를 통해 디자이너에게 추가로 확인하고 싶은 것들이 있는지 물어본다. 만약 추가로 확인해야 하는 것들이 있다면, 다시 대상자에게 특정 상황을 가정하게 한 후 관찰하면 된다.

모든 절차가 끝나면 대상자에게 감사를 표한 후 통화를 종료하면 된다. 이렇게 각 대상자와 UT를 모두 마친 후, PO와 디자이너, 그리고 그 외 관찰에 참여했던 사람들이 한데 모여 디브리핑 Debriefing(해당 업무를 마친 담당자에게 보고받는 것) 회의를 진행한다. 이때 서로 관찰했던 점, 대상자가 보인 특이점, 그리고 시안에서 보완해야 할 사항을 모두 공유한다.

PO는 자신이 설정한 가설이 맞는지 1차적으로 확인하기 위해 UT를 최대한 활용해야 한다. 수많은 고객에게 선보이기에 앞서, 몇 명과 UT를 먼저 진행하면 공통적으로 나타나는 문제점들을 효과적으로 알아챌 수 있기 때문이다. 훌륭한 프로덕트를 선보이는 과정에서 UT는 매우 중요한 단계다.

빠른 피드백 공유는
동기부여가 된다

"어제 세 명을 대상으로 UT를 진행했는데, 관찰한 주요 내용을 공유할게요."

"먼저, 반응은 어땠어요?"

"예상했던 대로 사용하는 데는 큰 문제가 없었어요. 몇 가지 작은 수정만 하면 될 것 같아요. 일단 주요 내용을 지금 알려주고, 나머지 상세 피드백은 회의 끝나고 문서로 공유할게요."

UT를 진행하고 난 다음 날, 오전 스크럼 회의 때 팀원들이 모인 자리에서 주요 내용을 공유했다. UT를 진행하는 과정은 PO와 디자이너만 보기 때문에, 개발팀에게는 별도로 정리해줘야 한다. 그래야 개발팀에서도 무엇이 변경되는지, 디자이너가 최종 시안을 줄 때까지 시간이 얼마나 더 소요되는지 등을 이해할 수 있기 때문이다. 다 함께 프로덕트를 만드는 입장이니, UT에서 얻은 피드백을 모두 공유하는 건 당연하다.

UT가 끝나면 나는 곧바로 디자이너가 작성한 메모를 훑어본다. 다시 기억을 상기하기 위해서다. 그리고 UT 전에 작성한, 검증해야 하는 사항 목록을 기반으로 UT 피드백 문서 또는 이메일을 작성한다. 예시는 다음과 같다.

UT 1 – 30대 여성, 최초 사용자			
	화면	관찰 노트	수정 사항
1	홈 화면	– 홈 화면에 노출된 배너 때문에 헷갈려 함 – 타코를 주문하고 싶어 하는데, 카테고리 확인에 시간이 걸림 – 검색 기능은 직관적으로 잘 이해함 – 스크롤할 필요가 없지만 스크롤을 시도함	배너 크게 수정 카테고리 아이콘
2	벤더 목록	– 식당이 정렬된 기준을 이해하지 못하지만, 개의치 않음 – 정렬 기준 변경을 위한 아이콘 인지 못 함 – 배달비가 저렴한 순으로 보고 싶어함	정렬 아이콘 변경 정렬 기준 표기
3	벤더 화면	– 메뉴 내 세부 카테고리가 구분되어 있길 희망함 – 특정 가격대의 음식만 필터링해서 보고 싶어함 – 메뉴 내 검색 기능이 있으면 편할 거라고 느낌 – 최소 주문 금액은 인지했음 – 음식 선택 후 최소 주문 기준과의 차액을 모름	세부 카테고리 구분 금액 차액 표기
4	주문 화면	– 주문 처리 과정에서는 막힘이 없었음 – 카드 주문 방식에 대한 이해도가 높음	없음

이런 내용을 UT 대상자 각각에 맞춰 작성한 다음, 개발 조직 전체에 공유한다. 이때 중요한 것은, 어떤 수정사항이 발생할지 알리는 것이다. 미리 디자이너와 협의한 다음 최종 시안이 완료될 예정 시간ETA을 설정하는 것도 도움이 된다. 무엇보다 개발팀에서 로직을 개발해야 할 경우, 이 단계에서 최대한 신속하고 명확하게 알려주도록 한다.

개발팀에 피드백을 공유하는 것이 중요한 목적이지만, 정리를 하면 부수적인 효과도 얻을 수 있다. 추후 경영진이나 타 부서가 특정 기능에 대해 문의하면, 기록된 피드백을 찾아서 왜 특정 방식으로 결정했는지 설명할 수 있다. 특히 대상자 세 명이 모두 공통적으로 보여준 피드백이라면, 타당성이 크기 때문이다.

UT를 준비하고 진행하는 과정도 꽤나 고되지만, 최대한 신속하게 결과를 정리해서 개발 조직에 전달하는 것도 중요한 작업이다. 그다음 단계를 진행하기에 앞서 모두가 동일 선상에서 이해할 수 있도록 PO는 기록하고 구두로 설명하는 절차를 한시라도 빨리 밟도록 한다. 그래야 개발 일정에 차질 없이, 실제 사용자가 만족할 만한 수준으로 보완한 후 프로덕트를 선보일 수 있다.

스프린트 기간 중
언제 테스트하는 것이 효과적인가

"이번 스프린트는 4일 정도 남았는데, 언제까지 수정사항을 완료할 수 있을까요?"

"2일 정도면 수정된 버전을 완성할 수 있을 것 같아요. 그거 리뷰해 주면 개발용으로 만들어서 개발자들에게 공유할게요."

"좋아요. 그럼 곧바로 다음 스프린트부터 안드로이드 개발 들어갈 수 있도록 협의할게요."

UT 결과를 공유한 다음, 디자이너와 최종 수정본을 언제까지 완성할 수 있을지 논의했다. 주로 UT는 2차 시안이 완성된 후에 하기 때문에, 새로운 디자인 개편 작업이 시작될 때 대략 언제 진행할지 예상이 가능하다. 그래서 몇 주 전부터 개발 조직 및 디자이너와 스프린트 플래닝을 할 때, UT 결과를 반영하는 시간까지 미리 반영해야 한다. 대체적으로 최대 5일 정도를 마련해둔다.

디자이너가 UT 피드백을 반영할 때까지는 개발팀이 프론트엔드 Front-end(고객이 사용하는 화면 같은 인터페이스) 작업을 시작할 수 없기 때문에, UT가 계획된 주간의 스프린트에서는 백엔드Back-end(인터페이스 상의 기능이 구현되도록 해주는 데이터베이스 및 서버) 작업만 진행한다. 최종 시안이 완성되어야 본격적으로 프론트엔드 개발에 착수할 수 있기 때문이다. 따라서 디자이너가 최종본 작업을 하는 동안, 개발팀은 다른 것에 계속해서 집중할 수 있다.

이처럼 PO는 스프린트 플래닝을 할 때 여러 변수를 미리 고려해야 한다. UT를 진행했는데 피드백을 반영할 시간을 마련하지 않았다면, 개발 조직이 계획했던 일정을 갑자기 조정해야 할 수도 있기 때문이다. 스프린트가 물 흐르듯이 원활하게 이어지게 하려면, PO가 미리 UT 일정을 확정하고 피드백을 반영할 시간까지 계획해놔야 한다.

가장 효과적인 방법은 UT를 스프린트 중간인 금요일이나 월요일에 진행하는 것이다. 그러면 UT가 끝나자마자 결과를 정리하여 공유하고, 곧바로 디자이너가 남은 4~5일 동안 최종본 작업을 할 수 있기 때문이다. 그러고 나서 그다음 월요일에 새로운 스프린트 플래닝을 하면 일정이 흐트러지지 않고 개발로 이어질 수 있다.

만약 UT 결과가 부정적이라서 추가적으로 디자인 작업에 많은 시간과 노력이 들 경우, 곧바로 개발 매니저와 함께 일정 변경에 대해 논의한다. 그다음 스프린트 시작부터 프론트엔드 개발에 착수할 수 없기 때문이다. 최종본이 나올 때까지 프론트엔드 개발자들이 다른 업무를 할 수 있도록 백로그에서 주요 업무를 발췌하여 계획을 세울 때 할당한다.

최악의 경우에는 UT 결과가 매우 안 좋아서, 디자인뿐만 아니라 근본적인 백엔드 로직까지 변경해야 할 수도 있다. 그럴 때도 곧바로 개발 매니저와 협의하여 진행 중이던 개발을 중단하고 새로운 로직을 위한 요구사항을 정의하도록 한다. 최대한 자원과 시간을 허비하지 않도록 PO는 신속하게 변경사항을 기록하고 신규 로직을 개발 조직과 함께 정의한다.

만약 UT에서 사용되었던 프로토타입과 상당히 다른 시안이 새롭게 고안될 경우, UT를 다시 진행해야 한다. 얼마만큼의 차이가 기준점으로 활용될지 정해진 것은 없다. PO가 디자이너와 상의한 후 근본적인 흐름이나 로직이 변경되었다고 판단할 경우, 곧바로 2차 UT를 계획한다. 주로 버튼 위치, 색상, 문구 변경 등은 작은 변화라고 간주한다. 하지만 메뉴 구성, 화면 노출 순서 등이 변경될 경우, UT를 새롭게 진행하는 것이 좋다.

PO는 UT가 완료된 이후에도 실제 개발로 이어질 때까지 다양한 요소를 고민해야 한다. 개발팀 및 디자이너와 긴밀하게 협의하면서 개발 자원이 허투루 투입되지 않도록 UT 피드백 반영 일정을 조율하길 바란다. 만약 디자인에 많은 변경이 필요하더라도 당황하지 말고 새로운 UT 일정을 계획하면 된다. 하루라도 빨리 선보이려는 자세도 필요하지만, 궁극적으로 고객에게 가장 나은 경험을 선사할 프로덕트로 개선하는 것이 가장 중요하기 때문이다.

UT는 설문조사가 아니다

사용자 테스트인 UT는 다수의 의견을 묻는 것이 아니다. UT는 1 대 1 환경에서, 한 명의 고객이 프로덕트를 사용하는 모습을 보고 떠오르는 생각을 직접 접하면서 인사이트를 도출해내는 절차다. UT는 다음과 전혀 다르다.

- **고객 서베이:** 특정 또는 불특정 다수의 인원에게 질문을 전하고 답변을 받는 형태다. 서베이는 누군가가 직접 프로덕트를 사용하는 도중 발생하는 상황을 볼 수 없다. 대부분 설문지나 웹사이트를 통해 질문을 전달한다. 답변자의 모습을 볼 수 없기 때문에, 실제 톤이나 뉘앙스 등을 알아챌 수 없다. 질문을 제대로 설정하지 않을 경우, 유의미한 의견을 얻을 수 없다. 주로 몇 가지의 옵션을 주고 그중 다수가 어떤 것을 선호하는지 파악하려면 유용하다.

- **포커스 그룹:** 6명에서 8명 정도의 인원을 모아두고 한 명의 모더레이터(사회자)가 질문하며 다수의 의견을 한 번에 얻는 형태다. 개개인의 프로덕트 사용법을 바로 확인하고, 순간마다 떠오르는 생각을 확인하기엔 어려운 방법이다. 무엇보다 여러 명의 인원이 한곳에 동시에 존재하기 때문에, 특정인의 의견이 다른 이들에게 영향을 끼칠 수 있다. 실제 고객이 어떻게 느끼고 생각하는지 밀접하게 알아낼 수 없고, 답변의 순도를 무

조건 신뢰할 수 없다.

여러 사람의 의견을 얻는 것은 UT의 목적이 아니다. 실제 고객이 직접 프로덕트를 사용할 때, 그 순간마다 나타내는 행동, 표정, 감정, 의견 등을 가장 가까운 환경에서 관찰해야 한다. 그만큼 한 명씩 UT를 진행하는 것은 쉬운 일이 아니다. 한 번에 세 번을 연달아 하면 녹초가 될 수도 있다. 그래서 다수의 사람에게 서베이 질문지를 뿌리거나, 여러 명을 한곳에 모아 이야기하도록 하는 것이 효율적으로 여겨질 수 있다. 하지만 그렇게 하면 프로덕트를 사용하는 고객의 진정한 모습을 확인할 수 없다.

PO에게 가장 도움이 되는 것 중 하나는, 고객이 실제로 프로덕트를 사용하는 모습을 지켜보는 것이다. PO나 UX 디자이너가 최선이라고 여겨 고안한 방법이 진정 최적이 아닐 수도 있다. 그리고 실제 고객이 직접 프로덕트를 사용하며 던지는 말 한마디, 한마디는 매우 큰 인사이트를 제공한다. 그것만큼 강력한 데이터는 없다.

UT를 서베이나 포커스 그룹과 혼동해서는 안 된다. 프로덕트를 사용하는 고객을 직접 지켜보며 바로바로 질문할 수 있는 기회를 귀하게 여겨라.

8장

프로덕트를 출시하는
최적의 시기

배포 일정을 정할 때
플랫폼을 고려하라

"여기 배포 일정은 어떻게 되나요?"

"일정? 그런 건 없고, 개발 완료되면 그때마다 배포하고 있어요."

"특정 일자를 정하지 않고 그때마다 배포한다는 말이에요? 그럼 핫픽스라는 개념이 없겠네요?"

"맞아요, 그냥 개발 완료하고 테스트 끝나면 바로 배포해요."

코빗으로 옮기자마자 외국인 개발자에게 배포 일정에 대해 물었는데, 그런 체계가 안 잡혀 있는 것 같았다.

배포란, 개발이 완료된 후 QAQuality Assurance라고 불리는 품질 또는 기능 테스트를 거친 뒤, 온전한 상태라고 판정되면 고객이 사용할 수 있도록 적용하는 것을 뜻한다. 모든 개발의 마무리는 배포이며, 신규 프로덕트일 경우 배포 일자가 흔히 일컫는 론칭 또는 공개 일자라고 통용되기도 한다.

하지만 배포를 아무 때나 하는 것은 위험할 수도 있다. 규모가 큰 프로덕트라면 동시다발적으로 여러 팀이 배포를 시도할 수도 있는데, 그러면 기술적 문제가 발생할 가능성이 높아진다. 배포할 때마다 새로운 코드 버전이 생기는데, 특별한 주기 없이 필요할 때마다 배포를 하면 버전 관리를 하기도 버거워진다. 아울러, 고객에게 충분한 고지를 하지 않거나 시시때때로 기능이나 디자인이 변경되면 고객 경험을 일관성 있게 유지하기 어렵다.

배포 주기를 정하는 것이 여러모로 효과적이다. 주로 2주에 한 번 정기 배포를 하는 것을 권장한다. 스프린트가 2주씩 진행되는 경우가 많으므로, 하나의 스프린트가 끝나는 주의 목요일에 배포하는 것이 안정적이다. 목요일에 배포할 경우 이점은, 만약 배포 후 문제가 발생했을 경우 금요일까지 활용하여 고칠 수 있다는 점이다. 스프린트가 끝나기 전, 가장 많은 개발 시간을 확보하고 추가적으로 수정할 수 있는 날까지 마련해두는 이상적인 일정이다.

혹시라도 스프린트 도중에 기존 프로덕트에 문제가 발생했다면, 최대한 빨리 고쳐야 한다. 급하게 수정하여 안정화된 버전을 배포하는 것을 핫픽스Hot Fix라고 부른다. 가장 이상적인 상황은 2주마다 이뤄지는 정기 배포 일정 중간의 목요일에 핫픽스 배포를 하는 것이다. 그 주간에 고쳐야 하는 것은 핫픽스 날짜에 포함시키고, 미뤄지면 중간 배포 일정에 적용하면 되기 때문이다.

하지만 매우 급박한 상황이라면 곧바로 핫픽스를 해야 한다. 배포 일정을 무시하고 수정된 버전을 적용해야 하는 경우는 분명 발생한다. 이때는 PO와 개발 조직이 함께 의논하여 결정하면 된다. 고객 경험에 지대한 영향을 끼치는 문제라면 곧바로 고치는 것이 좋다.

배포 일정을 정할 때 적용되는 플랫폼도 고려하도록 한다. 주로 프로덕트는 안드로이드, iOS, PC까지 총 세 가지 플랫폼에서 사용 가능하다. PC 플랫폼에서 사용되는 일반 프로덕트는 대부분 웹 서비스 형태다. 인터넷 브라우저를 통해 접속 및 사용이 가능해서 배포 일정이 상대적으로 자유롭다. 개발 조직이 새로운 버전을 배포하면, 곧바로 고객이 브라우저에 접속하는 순간부터 새로운 기능을 선보일 수 있기 때문이다. 개발 조직이 배포 일정을 조절할 뿐, 그 어떤 기관의 검증도 필요하지 않다.

하지만 안드로이드나 iOS는 상황이 조금 다르다. 안드로이드는 상대적으로 매우 자유롭다. 새로운 버전을 배포하면 거의 바로 구글 플레이 Google Play에서 다운로드 또는 업데이트가 가능하다. iOS라는 운영체제를 운영하는 애플은 보다 보수적이다. 새로운 버전을 배포하려면 애플의 검토가 필요하다. 곧바로 고객에게 선보일 수 없고, 애플 앱 스토어 App Store의 승인을 받아야 다운로드 또는 업데이트가 가능하다.

동일한 기능을 고객에게 선보이고 싶더라도, 안드로이드와 iOS 앱 배포 일정은 다를 수밖에 없다. 주로 안드로이드는 2주마다 진행되는 정기 배포 일자에 맞춰 업데이트를 진행하면 된다. 하지만 iOS는 앱 스토어 검토 기간을 감안하여 배포 일정을 잡아야 한다.

국내에는 안드로이드 사용자가 월등하게 많기 때문에, 안드로이드 앱을 먼저 업데이트한 후 몇 주 후에 iOS 앱을 업데이트하는 것도 가능하다. 안드로이드에 배포한 후 발견되는 문제들을 모두 해결한 다음 iOS 버전에 안정적으로 적용하는 게 유용하다.

PO는 단순히 고객에게 빨리 선보이고 싶은 마음에 배포 일정을 무작위로 정하지 않도록 한다. 다음과 같은 원칙을 지키면 도움이 된다.

- 개발 조직이 정한 배포 일정이나 절차가 있는지 먼저 확인한다.
- 다른 팀과의 협업이 필요한 상황이라면, 최대한 미리 배포 일자를 협의한다.
- 가급적이면 저녁 늦게 또는 금요일에는 배포하지 않는다.

마지막 원칙은 꽤 중요하다. 배포 일자를 지키겠다는 이유만으로 저녁 늦게 배포할 경우, 상태를 확인하고 혹시라도 발생할 문제에 대응할 팀원들이 밤 늦게까지 자리를 지켜야 한다. 아니면 한두 명의 소수가 남아 지켜봐야 하는데, PO는 물론 개발 조직에게도 불편한 상황이 초래된다. 그리고 금요일에 배포를 해도 비슷한 이슈가 발생한다. 금요일 오후에 배포한 버전에 문제가 생기면, 금요일 저녁은 물론 주말에도 대응해야 할 수도 있기 때문이다. 차라리 늦은 저녁 대신 그다음 날, 금요일 대신 월요일로 미루는 편이 낫다.

그리고 몇몇 업계에서는 필수적으로 고객에게 고지해야 하는 사항들이 있다. 예를 들어, 핀테크 업계라서 공공 금융 기관의 제약을 따라야 할 경우, 특정 기능을 추가하거나 제거할 때 사전 7일에서 30일 정도 기간을 두고 고지해야 할 의무가 있다. 필수 의무가 아니더라도, 신규 기능을 적용할 때 고객의 혼선을 방지하기 위해 사전 공지를 고려할 수도 있다. 이럴 경우, 고지나 공지를 담당하는 법무팀, 고객센터 등과 협의하여 의견이 반영된 배포 일자를 정한다.

회사에 따라 사용률이나 매출이 급증하는 기간에는 배포를 금지할 수도 있다. 괜히 배포했다가 기술적인 문제가 발생하면, 수많은 고객에게 불편을 끼치기 때문이다. 구정, 추석, 연말 등 특정 기간에 배포를 금지하는 것도 고려할 수 있다. 예를 들어, 음식 배달 서비스인 경우 특정 시간대에 주문이 몰리기 때문에 그 시간대를 피해서 배포하는 것도 도움이 된다. 게임, 암호화폐 거래소 등은 저녁부터 새벽까지 가장 활발한 이용률을 보이기도 한다. 따라서 각 프로덕트가 가장 많이 사용되는 시간대에는 배포를 금지할 것을 권장한다.

PO는 기능이 배포될 때까지 고려해야 할 것들이 많다. 각 플랫폼에 따른 일정, 혹시라도 발생할 문제에 대한 대응 태세, 사전 고지 등 다양한 요소들을 준비해야 한다. 정기적인 배포 일정을 잡아두면 도움이 되기는 하지만, 갑작스럽게 발생하는 문제를 해결하기 위한 핫픽스 배포 일시도 결정하도록 한다.

고객에게 하루 빨리 선보이고 싶은 마음은 크겠지만, 원만한 고객 경험을 위해 늘 개발 조직 및 타 유관 부서와 협의하여 배포 일정을 최대한 계획적으로 정하도록 한다.

A/B 테스트를 활용해
트래픽을 분산하기

"B그룹은 5%에서 시작한 다음, 하루가 지난 시점에 20%로 올릴 예정이에요."

"알았어요. 그럼 5%로 적용되는 시점부터 모니터링을 시작할게요."

"저도 수치를 계속 지켜볼 테니까, 혹시라도 시스템에서 비정상적인 현상이 보이면 알려줘요."

새롭게 개편된 UX를 선보이는 날 오전, 스크럼 회의에서 나는 개발 조직에게 계획을 안내했다. 이미 배포는 완료되었고, 새로운 디자인을 서서히 노출하는 방법을 택했다.

앞서 언급했듯이, A/B 테스트 플랫폼이 있으면 트래픽을 분산시킬 수 있다. 트래픽Traffic이란 프로덕트를 사용하는 이용자들을 뜻한다. 통상적으로 다음과 같이 트래픽을 분산시킨다.

- A그룹: 신규 디자인 또는 기능에 노출되지 않는 이용자
- B그룹: 신규 디자인 또는 기능에 노출되는 이용자

보편적으로는 A그룹과 B그룹으로 분류되는 로직을 무작위로 놔둔다. 그래야 나중에 각 그룹의 수치를 비교할 때 통계적으로 유의미한 결과를 얻을 수 있기 때문이다. A/B 테스트에 대한 상세한 설명은 뒤 챕터에서 이어 할 예정이다.

특정 상황에 따라서는 B그룹을 인위적으로 형성할 수도 있다. VIP들에게만 먼저 노출시키고 싶다면, 그들의 사용자 ID 또는 모바일 기기의 식별 번호 등을 활용하여 B그룹에 넣을 수 있다. 또는 회사 내부 직원들에게만 먼저 보여서 검증을 한 번 더 거치고 싶다면, 그들을 B그룹에 포함시키면 된다.

새로운 디자인이나 기능을 배포한 다음, 곧바로 모든 사용자에게 보여주는 건 위험하다. 물론 법적인 의무 때문에 특정 일자에 일괄 적용해야 하는 경우도 있다. 코빗에서도 금융 기관의 제재에 맞춰 특정 일자에 신규 기능을 선보여야 했던 적이 있었다.

일반적인 상황이라면, 점차적으로 노출 빈도를 높이는 것을 권장한다. 소수에게 먼저 보여준 다음, 시스템 또는 회사 매출 등의 데이터를 보면서 악영향을 끼치지 않는지 검증할 수 있기 때문이다. 만약 문제가 발생했다면, B그룹을 꺼버리고 트래픽을 모두 A그룹으로 몰아버리는

것이 가능하다. 이런 방식을 온/오프On/Off 스위치라고 부른다.

새로운 기능을 선보일 때, 나는 주로 다음과 같은 일정을 따른다.

	A그룹	B그룹
1일 차	95%	5%
2일 차	80%	20%
3일 차	50%	50%
4일 차	20%	80%
5일 차	0%	100%

처음 이틀 동안은 점차적으로 상태를 확인한다. 먼저 B그룹에 트래픽의 5%를 보내서 새로운 디자인이나 기능을 노출한다. 프로덕트를 실제 사용하는 이용자 중 5%가 기존과 다른 경험을 하게 된다는 의미다.

최대 하루 동안 여러 수치를 검토한다. B그룹의 이용률이 급격하게 줄어들었거나, 1인당 매출이 감소했거나, 시스템 에러율이 높아지는 등의 문제가 발생하는지 지켜본다. 만약 별다른 이슈가 없다면, 익일부터 B그룹 트래픽을 20%로 높인다. 그 후 하루 동안 동일한 수치들을 지켜본다. 이때는 고객센터와도 협업하여 접수되는 고객 문의 또는 불만 건수 증가율도 확인한다. 고객의 불만이 유의미하게 증가하면, 개발 조직이 인지하지 못하는 문제가 있을 수도 있기 때문이다.

첫 이틀 동안 문제가 발생하지 않으면, 3일 차부터 A그룹과 B그룹을 동일하게 50:50 비율로 나눈다. 실제 사용하는 이용자의 반은 새로운 디자인이나 기능에 노출된다. 이 시점부터 유의미한 통계적 분석을 위해 최소 7일간 이 비율을 유지한다. PO는 이 기간에도 시시때때로 수치를 확인한다. 갑작스럽게 문제가 발생할 수도 있기 때문에, 긴장을 놓지 않고 주의 깊게 지켜봐야 한다.

이 기간 동안 문제가 발생하지 않았다고 해도, 나는 곧바로 B그룹을 100%로 전환하지 않는다. 최소 3일 정도는 80%로 올려본 후 다시 수치를 확인한다. 트래픽이 B그룹으로 급증했을 때 예기치 못한 문제가 발생할 수도 있기 때문이다.

이 모든 과정을 거친 후, 약 2주일이 지나면 새로운 디자인이나 기능을 전체 고객에 노출시킨다. 배포를 갑작스럽게 하고 바로 이용자 100%에게 선보이는 것보다는, 이렇게 점차적으로 검증을 거듭하며 적용하는 것이 훨씬 안정적이다.

만약 이렇게 그룹을 나눠 트래픽을 분산할 수 없는 상황이라면, 긴장감이 커질 수밖에 없다. 기술적인 이유 또는 그 외 법적인 의무 때문에 100%를 곧바로 적용해야 할 경우, PO는 언제든지 롤백할 태세를 취해야 한다.

롤백Rollback은 그 이전 버전으로 바로 되돌려 배포하는 것을 의미한다. 롤백 시에 사용되는 버전은 그 이전에 가장 안정적으로 운영되었던 것으로 택한다. 롤백한 후에 문제를 파악하고, 수정한 다음, 다시 배포하는 과정을 거친다.

이런 위험 부담 때문에라도 PO는 개발 조직과 협업하여 트래픽을 분산시켜 조정할 수 있는 환경을 조성해야 한다. 나중에 설명하겠지만,

A/B 테스트도 중요하기 때문에, A/B 테스트 플랫폼을 활용하는 것이 가장 효율적이다.

새로운 디자인이나 기능을 선보일 때, PO는 100%라는 숫자를 최대한 기피하는 것이 좋다. 수많은 고객이 사용하는 서비스라면 특히 100% 적용에 뒤따르는 위험 요소가 과도하게 존재하기 때문이다. 점진적으로 노출 빈도를 늘려가면서 여러 수치를 확인하고, 안정적으로 적용할 필요가 있다. 하루라도 빨리 선보이는 것보다는, 안전하게 선보이는 것이 고객 경험에 더 큰 도움이 된다.

내부 직원도 고객이다

"여보세요, 스티븐입니다."

"네, 스티븐. 지난번에 알고리즘 설정 방식을 개선해준다고 했는데, 진행 상황을 알고 싶어 전화했습니다."

"아 네, 안 그래도 지금 테스트 중이라 다음 주 초에 모든 분께 메일로 안내드리려고 했습니다. 다음 주부터 새로운 방식으로 사용 가능합니다. 사용법에 대해 설명한 문서를 함께 보내드릴 테니, 확인하시고 궁금한 점 있으면 연락 주세요."

마침 사무실 자리로 돌아와 앉았는데, 현장 담당자에게 전화가 와서 친절하게 답해주었다. 나에게는 그분 역시 중요한 고객 중 한 명이다.

이 세상에는 매우 다양한 프로덕트가 존재한다. 프로덕트를 사용하는 고객이라고 하면 보통 일반 이용자를 떠올리게 된다. 사실, 프로덕트를 사용하는 대다수의 고객은 일반인이다. 말 그대로 고객이다. 나는 유튜브와 넷플릭스, 아마존의 고객이다. 그 프로덕트를 이용하는 사람이기 때문이다.

PO는 나와 같은 이런 일반 고객 외에, 내부 고객을 상대할 수도 있다. 내부 고객에는 PO가 책임지고 있는 프로덕트를 사용하는 회사 내부 팀, 외주 업체, 고객센터 직원, 배송 인원 등이 포함된다. 실제 회사가 대중적으로 서비스하는 프로덕트와 달리, 내부 운영을 위해 사용되는 프로덕트를 이용하는 사람들을 내부 고객이라 한다.

내부 고객이 사용하는 프로덕트는 대외적으로 서비스하는 프로덕트를 운영할 수 있게 도와주는 경우가 대부분이다. 내부 고객용 프로덕트의 예는 다음과 같다.

- 음식 배달 서비스를 하는 배달원들이 주문을 확인하기 위해 사용하는 앱
- 콜센터에 접수되는 고객 문의를 관리하기 위해 사용하는 프로그램
- 모바일 앱에 광고를 노출하기 위해 마케팅팀이 사용하는 툴

일반 고객에게는 연락을 취하기가 상당히 어렵다. 수천만 명에 달하는 고객 개개인에게 연락해서 새로운 기능에 대해 설명할 수 있는 효과적인 방법이 과연 있을까? 물론 메일이나 알림, 배너 등을 통해 안내할 수는 있다. 하지만 회사가 보내는 메일이나 알림, 배너를 과연 모든 고객이 일일이 확인할까?

그래서 일반 고객이 사용하는 프로덕트는 최대한 직관적으로 만들어야 한다. 개별적으로 설명하지 않아도 곧바로 이해하고 충분히 사용할 수 있도록 개발한다. UX 디자이너가 대부분 일반 고객이 사용하는 프로덕트 개발에 투입되는 이유다.

반대로 내부 고객은 연락을 취하기가 상대적으로 수월하다. 메일을 보내도 되고, 관리자에게 부탁해서 모두 소집한 후 설명하는 방법도 있다. 교육을 통해 신규 기능을 인지하도록 안내할 수도 있다. 내부 고객용 프로덕트도 물론 직관적으로 만들어야 한다. 하지만 UX 디자이너가 투입되지 않고 PO와 개발 조직이 직접 구성을 기획한 후 개발해도 큰 문제가 되지는 않는다. 나는 회사를 위해서라도 내부 고객용 프로덕트를 만들 때 불필요하게 디자이너 자원을 사용하지 않으려고 한다. 내부 고객용 프로덕트의 디자인을 수정하는 것보다, 일반 고객용 프로덕트의 경험을 개선하는 것이 훨씬 더 중요하기 때문이다.

이러한 이유 때문에, 나는 내부 고객용 프로덕트가 새롭게 업데이트될 때마다 안내 메일을 보낸다. 새로운 기능 때문에 운영상 혼동이 발생하지 않도록 가급적 배포 예정 일자 며칠 전에 발송한다. 내용은 다음과 같다.

- 기능의 명칭
- 개발한 이유
- 배포 예정 일시
- 사용 안내서

- 문제 대처 방법

  가장 중요한 것은 사용 안내서다. 새로운 기능을 어떻게 사용해야 하는지 구체적으로 설명해야 하기 때문이다. 나는 주로 온라인으로 접속 가능한 파워포인트 등으로 만든다. 최대한 구체적으로 만들어놓아야 개별적으로 문의하는 빈도도 줄어든다. 실제로 현장에 들르면 내가 만들어서 배포한 사용 안내서를 출력해서 책상 위에 비치해두는 경우도 자주 봤다. 이렇게 한 번 문서화해 놓으면 새로운 내부 고객이 입사하거나, 다른 유관 부서에서 사용법을 익히려고 할 때 간단하게 링크 하나만 보내주면 되기 때문에 편리하다.

  사용 안내서 다음으로 중요한 내용은, 문제가 발생할 때 어떻게 대처해야 하는지에 대한 안내다. 일반 고객은 프로덕트를 사용하다 문제가 발생하면 고객센터로 전화하거나 앱상에서 문의 글을 남긴다. 하지만 내부 고객은 누구에게 어떻게 연락을 취해야 하는지 모를 때가 있다.

  그래서 나는 사내 메신저에 각 프로덕트를 사용하는 내부 고객을 위한 채널을 생성해둔다. 여기에는 내부 고객은 물론, 각 프로덕트의 개발을 담당하는 개발 조직도 초대되어 있다. 만약 새로운 기능에 문제가 발생하면, 곧바로 이 채널에 알릴 수 있도록 절차를 설명한다.

  물론 PO는 각 프로덕트를 책임지기 때문에, 각 프로덕트의 1인 고객센터가 될 수도 있다. 내부 고객은 회사 시스템을 통해 내 개인 전화번호까지 얻을 수 있기 때문에, 언제든지 PO인 나에게 전화할 수 있다. 이른 아침은 물론, 늦은 저녁이나 새벽, 주말이나 휴일에도 전화를 한다. 24시간 365일 고객센터처럼 내 전화기는 열려 있다. 때로는 고되지만, PO가 해결해줄 거라는 믿음이 없으면 전화조차 걸지 않는다는 동료의 말을 듣고 성심성의껏 답해준다. 내부 고객도 중요한 고객이기 때문이다. 내부 고객이 원활하게 프로덕트를 사용해서 운영해야, 일반 고객에게 최적의 경험을 제공할 수 있으니 말이다.

올바른 배포 문화를 만들자

PO의 입장과 메이커의 입장은 다를 수 있다. PO는 하루 빨리 고객에게 새로운 기능을 선보이고 싶을 것이다. 반대로 메이커는 보다 완성도 높은 개발물을 선보이길 바란다. PO는 배포 일자가 조금 더 앞당겨지길 원하고, 메이커는 충분히 개발하고 내부 테스트까지 거칠 시간을 바랄 것이다.

PO는 다양한 개발 조직과 일하게 된다. 하루라도 더 빨리 선보일 수 있도록 자발적으로 더 많은 시간을 할애하여 빠듯한 배포 일정에 협의해주는 개발 조직도 있다. 그런데 배포 일자가 코앞에 다가와도 이런저런 이유 때문에 배포가 어렵다며 PO를 설득하려는 개발 조직도 분명 있다.

이럴 때 PO는 적절하게 대응해야 한다.

• **스피드 추구형 개발 조직:** 계속해서 야근을 불사하며 빨리 배포하려는 개발 조직은, 겉으로는 좋아 보여도 장기적으로 지속 가능하지 않다. 언젠가는 피곤함이 쌓일 것이고, 그러면 크고 작은 버그가 발생할 수 있다. 개발 조직이 "지금 개발하고 있는데 내일 배포 가능해요"라고 이야기해주면 PO로서 기분은 좋을 수 있다. 하지만 반드시 되물어야 한다. 과연 모든 요구사항을 수용 가능한지, 충분한 테스트를 할 수 있는지, 확장성은 고려했는지 등을 말이다. 아무리 고객에게 빨리 선보이는 것이 중요하다고 할지라도, 장기적으로 바라보고 적절한 배포 일정에 협의하는 문

화를 만들어야 한다.

- **안정성 추구형 개발 조직:** 배포를 하려다 보니 이런 문제가 생겼고, 테스트를 더 해보니 또 저런 문제도 생겼다며 PO에게 배포 일정을 연기하자고 부추기는 개발 조직 또한 장기적으로 지속 가능하지 않다. 서로 협의한 배포 일정은 약속이다. 그 약속을 어기는 경우는 부득이한 상황이어야만 한다. PO가 개발 지식을 완벽하게 갖추고 있으면 대응하기 편하겠지만, 그렇지 않더라도 왜 일정을 연기해야 하는지 끊임없이 되물어야 한다. 그 원인을 정말 피할 수 없었는지 확인하고, 향후에는 그 문제가 재발하지 않도록 조치를 취한다. 퀄리티 높은 개발물을 만드는 것도 중요하지만, 고객에게 선보이는 속도도 그에 못지않게 중요하다는 사실을 자주 강조하며 균형 맞춘 배포 문화를 갖춰야 한다.

이상적으로 여겨질 수도 있지만, 가장 빠르면서도 안정성 높은 개발물을 고객에게 선보일 수 있는 날을 배포 일자로 잡아야 한다. PO가 계속해서 속도만 추구하다 보면 개발 조직은 그에 응하고자 무리한 일정에 협의할 수 있다. 반대로, PO가 계속해서 늦춰지는 일정에 수긍하다 보면 개발 조직은 앞으로도 작은 문제 때문에 일단 배포 일정을 미루자고 설득할 것이다.

PO는 개발 조직을 관리하지는 않지만, 조직 전체의 문화에 큰 영향을 끼칠 수 있는 존재다. 장기적으로 지속 가능한 속도에 맞춰 개발 조직이 고객에게 새로운 경험을 꾸준히 선사할 수 있도록, PO는 건강한 배포 문화를 앞장서서 만들어야 한다.

9장

테스트 중 가설을
효과적으로 검증하려면

A/B 테스트와 P값을
활용한 가설 검증법

"지금 테스트 중인 신규 UX 디자인, 수치가 괜찮아 보이던데?"

"그런데 스티븐, 이게 내일 되면 어떻게 될지 몰라. 아직 P값이 충분히 낮지 않잖아."

"그래도 빨간색 구간은 아니니까 기대해볼게."

"신뢰도가 높아질 때까지 이틀 정도 더 지켜보자. 아직 더 많은 고객이 사용해야 돼."

서비스 디자인을 개편한 이후, 긍정적으로 보이는 수치를 확인하자마자 애널리스트 자리로 걸어가 말을 걸었다. 그는 매우 차분한 목소리로 아직 신뢰할 수 있는 구간이 아니라고 대답했다.

PO는 고객 경험을 개선하기 위한 여러 가지 방법 중 최적인 것을 가

설로 선택한 후, 검증을 거쳐 선보인다. 이때 가설을 검증하는 방법 중 널리 사용되는 것이 A/B 테스트다. 앞 장에서 A그룹과 B그룹으로 트래픽을 나눠 서로 비교해보는 방식이 A/B 테스트의 기본 전제다.

새로운 디자인이나 기능에 노출된 B그룹 고객들이 A그룹과 비교했을 때 어떤 결과를 나타내는지 확인해보는 테스트다. PO는 고객 경험을 개선하기 위해 신규 디자인이나 기능을 개발하는데, 그것에 노출된 B그룹의 수치가 A그룹보다 유의미하게 향상되었을 경우 가설은 증명되었다고 판단한다. 만약 B그룹이 A그룹보다 나은 성과를 못 내면, 가설은 증명되지 않았다고 판단한다.

다시 한 번 A와 B그룹의 분류를 설명하자면 다음과 같다.

- A그룹: 신규 디자인 또는 기능에 노출되지 않는 이용자
- B그룹: 신규 디자인 또는 기능에 노출되는 이용자

새로 개발된 기능을 배포한 후, 점차적으로 A그룹과 B그룹이 각각 50%씩의 트래픽을 수용하게 되면 본격적인 테스트를 할 준비는 완료된다.

간혹 A/B/C 테스트를 진행하려는 PO도 있다. 이는 다음과 같이 설정하는 방식이다.

- A그룹: 신규 디자인 또는 기능에 노출되지 않는 이용자 – 25%
- B그룹: 신규 디자인 또는 기능에 노출되는 이용자 – 50%

• C그룹: 신규 디자인 또는 기능에 노출되지 않는 이용자 – 25%

　　A그룹과 C그룹은 동일하다. 이 두 개 그룹으로 분류된 고객은 새로운 디자인이나 기능에 노출되지 않는다. 기존 프로덕트 그대로 사용하게 된다. 하지만 이렇게 A와 C 두 그룹으로 분류해서 각각 25%씩 트래픽을 나눠 갖게 하는 이유는, A그룹 하나만 있는 경우를 믿지 못한다는 전제 때문이다.

　　만약 A그룹과 B그룹이 있는데, B그룹에 속한 고객의 1인당 매출이 월등히 높아졌다고 가정해보자. B그룹이 당연히 더 나은 결과를 보였기 때문에, 가설은 증명되었다고 단정 지을 수 있다. 그런데 B그룹과 대조해볼 수 있는 상대는 A그룹 하나밖에 없다. 테스트가 제대로 진행되었다고 완벽하게 믿지 않는 이상, 의심의 여지는 존재한다. 그래서 어떤 PO들은 A그룹과 완전히 똑같은 C그룹을 하나 더 생성해놓고, A그룹과 C그룹의 수치가 비슷한 수준인지 비교해본다.

　　아래 표와 같은 상황을 가정해보자.

　　첫 번째 시나리오에서는 B그룹에 속한 고객이 A그룹에 속한 고객보다 평균적으로 더 많은 지출을 했다. 새롭게 선보인 디자인이나 기능이 기존보다 더 효과적이었다는 뜻으로 여길 수 있다.

	A그룹	B그룹	C그룹
시나리오 1	고객당 매출 10달러	고객당 매출 20달러	고객당 매출 15달러
시나리오 2	고객당 매출 10달러	고객당 매출 20달러	고객당 매출 10달러

그런데 A그룹과 똑같은 환경인 C그룹에 속한 고객의 평균 매출은 A그룹과 B그룹 수치의 중간인 15달러이다. A그룹과 C그룹이 동일한 환경이니 결과도 비슷해야 하는데, 이렇게 다르다면 테스트가 잘못 진행된 것이다. 이런 결과가 나오면 PO는 테스트를 중단하고, 문제점을 찾아 고친 후, 다시 시작해야 한다.

두 번째 시나리오에서는 A그룹과 C그룹의 결과가 똑같다. 당연히 동일한 환경에 노출되었으니, 통계적으로 결과도 비슷해야 한다. 테스트가 정상적으로 진행되었다는 의미로 해석 가능하다. 이럴 경우, PO는 테스트 결과를 보다 더 확실하게 믿을 수 있다.

이 때문에 A/B 테스트 대신 A/B/C 테스트를 고집하는 PO들도 있지만, 나는 A/B 테스트를 선호한다. 왜냐하면 A그룹과 C그룹이 위와 같은 예시처럼 유의미하게 큰 차이를 보여주는 경우가 극히 드물뿐더러, 테스트 결과의 신뢰도를 나타내는 P값이 있기 때문이다. 굳이 A그룹과 C그룹을 나눌 필요가 없다고 생각한다.

유의 확률을 뜻하는 Probability Value의 줄임말인 P값P-Value은, 쉽게 말해 실험의 결과가 우연히 나타난 것인지 아닌지 판단할 때 사용되는 수치다. 통계학적으로 P값이 어떤 의미를 가지는지에 대한 설명은 생략하겠다.

당연히 A/B 테스트의 통계적 유의도Statistical Significance가 100%에 가까워야 신뢰할 수 있다. 이 통계적 유의도를 산출하려면, 1에서 P값을 빼야 한다. 만약 어떤 A/B 테스트를 진행했는데, P값이 0.02가 나왔다고 가정해보자. 1에서 0.02를 빼면 0.98이 된다. 즉 98%의 통계적 유의도를 가졌다는 의미다.

다행히 A/B 테스트 플랫폼이 P값을 계산해주기 때문에, PO나 비즈니스 애널리스트가 직접 계산할 필요는 없다. 그래서 P값을 산출하는 방법에 대해서는 설명하지 않고, P값을 어떻게 해석해야 할지만 설명하고자 한다.

위의 예시처럼, 테스트가 98%의 유의도를 가졌다면 결과를 신뢰하고 가설이 맞았다고 결론 내릴 수 있을까? 고객 전체에게 새로운 디자인이나 기능을 선보이게 되었는데, 2%의 경우를 간과한 나머지 테스트와 전혀 다른 결과가 나올 수도 있다. B그룹의 1인당 매출이 20달러라서 테스트를 종료하고 기능을 적용했는데, 시간이 지나자 1인당 매출이 기존보다 더 떨어진 8달러가 될 수도 있다.

PO는 P값을 보며 테스트 결과를 판단해야 한다. P값이 0으로 수렴할수록 A/B 테스트의 통계적 유의도는 100%에 가까워진다. 내가 사용하는 A/B 테스트 플랫폼은 P값이 일정 기간에 걸쳐 매우 낮게 수렴하는 트렌드를 보일 때, 그게 유의미하다고 표기해준다. 만약 이런 기능이 없을 경우, 나는 P값이 0.01보다 낮을 때까지 테스트를 신뢰하지 않는다. 주로 B그룹이 이겼다고 판정하고 새로운 기능을 모든 고객에게 노출할 때, 대부분의 주요 수치의 P값이 0.01보다도 훨씬 낮은 0.001이었다. 통계적 유의도가 99.9%라는 의미로, 우연한 결과가 아니었다는 것을 증명한다.

PO는 A/B 테스트를 설계할 때, 어떤 수치를 봐야 할지 결정해야 한다. 각각 수치마다 P값을 보고 유의미한지 판단해야 하기 때문이다. 성공 지표만 사용할 수도 있지만, 새로운 기능이 끼치는 영향을 세밀하게도 보고, 거시적으로도 보려면 다음과 같이 두 가지 타입의 지표를 모두 봐야 한다.

	종류	예시
1	특정 기능과 직결된 수치	– 동영상의 볼륨 조절 버튼을 사용한 평균 횟수 – 주문 화면의 메모 기능을 사용한 빈도 – 코멘트의 추천 버튼을 누른 횟수
2	프로덕트 전반의 수치	– 고객 1인당 주문 횟수 – 고객 1인당 동영상 시청 횟수 – 고객 1인당 이미지 업로드 횟수

예를 들어, 음식 배달 서비스 앱에서 주문 화면 디자인 개편을 했다고 가정해보자. P값은 모두 0.001이다.

주문 화면의 메모 기능 사용 빈도			고객 1인당 평균 매출	
시나리오 1	A그룹	주문당 10%	A그룹	16,800원
	B그룹	주문당 75%	B그룹	12,300원
시나리오 2	A그룹	주문당 30%	A그룹	16,800원
	B그룹	주문당 25%	B그룹	19,500원

첫 번째 시나리오에서는 B그룹의 메모 기능 사용 빈도가 월등히 높아졌다. 하지만 고객 1인당 평균 매출이 12,300원으로 감소했다.

두 번째 시나리오에서는 B그룹의 메모 기능 사용 빈도가 조금 더 낮다. 그런데 고객 1인당 평균 매출이 19,500원으로 16%나 증가했다.

만약 프로덕트 전반의 수치를 안 보고, 특정 기능에 대한 수치만 테스트했다면 분명 PO는 첫 번째 시나리오에서 만세를 하고 B그룹이 이겼다며 신규 디자인을 전체 적용했을 것이다. 프로덕트 전체의 지표인 평균 매출을 보지 않았기 때문이다. 원인 불문하고, 프로덕트의 성공 척도 중 하나인 평균 매출이 급격하게 감소했으면 테스트를 중단했어야 한다.

반대로 만약 PO가 기능 관련 수치와 프로덕트 전체의 지표를 모두 봤다면, 시나리오 1에서는 테스트를 중단하고 시나리오 2에서는 B그룹이 이겼다고 판단했을 것이다. 시나리오 2에서 비록 메모 기능 사용 빈도는 조금 줄어들었지만, 메모 기능 사용을 활성화하는 것보다 주문을 더 많이 하는 게 프로덕트의 성공에는 더 큰 도움이 되기 때문이다.

앞 장에서 설명했듯이, A/B 테스트는 유의미한 사용자가 각 그룹에 노출될 때까지 기다리도록 한다. 새로운 기능을 배포한 후, 점차 B그룹의 노출 비율을 높여가며 A그룹과 B그룹이 각각 50%가 될 때부터 테스트를 본격적으로 시작한다고 봐야 한다. 그때부터 최소 7일 이상을 기다리면서 각 주요 수치별 P값을 지켜보며 테스트를 중단할지 이어갈지 결정한다.

만약 P값이 낮아지지 않아 유의미한 결과를 얻을 수 없다면, PO는 여러 가지 선택지 중 하나를 신속하게 택하도록 한다.

- 더 많은 고객에게 노출될 때까지 테스트를 며칠 더 진행해본다.

- 테스트를 중단한 후 신규 디자인 또는 기능이 의미 없다고 판단한다.
- 유의미한 결과가 없었으나, 프로덕트 전체에 악영향을 끼치지 않아 B 그룹이 이겼다고 판정한다.

마지막의 경우에는 데이터를 더 세밀하게 봐야 한다. A/B 테스트 플랫폼에서 트래킹하는 수치 이외에도, 애널리스트의 도움을 받아 다른 지표를 추가적으로 검토해보도록 하자. P값을 무시하면서까지 B그룹을 선정하려면, PO는 매우 많은 책임을 져야 하기 때문이다.

새로운 디자인이나 기능을 선보이기 전, A/B 테스트를 활용하는 것은 거의 필수적인 요소다. PO가 내세운 가설이 맞는지 증명하는 것은 물론, 고객 모두에게 선보여도 큰 문제가 발생하지 않을 거라는 확신을 얻을 수 있기 때문이다.

실패를 인정할 줄 알아야
더 나은 경험을 제공할 수 있다

"스티븐, 테스트 결과가 안 좋게 나왔어요?"

"안 좋다기보다는, 유의미한 결과가 나오지 않았어요."

"그럼 우리가 만든 기능 롤아웃Roll-out 못 해요?"

"일단 안드로이드 버전 테스트를 며칠 더 연장해볼 거예요. 다른 수치도 추가적으로 확인해보고요. 그런데 iOS나 PC는 현재로서는 개발 착수 안 할 겁니다. 미안해요."

국내외에서 단 한 번도 시도해보지 않은 기능을 선보이고자 개발 조직과 디자이너가 매우 많은 공을 들였다. 특히 디자이너는 안드로이드, iOS, PC를 위한 버전을 각각 만드느라 고생했다. 내부 검토도 받고, UT도 진행하며 수정을 거듭했기 때문이다. 그런데 안드로이드 A/B 테스트 결과가 예상과 달리 나왔다.

PO는 자신이 선정한 가설을 테스트하기 위해 많은 지원을 받아야 한다. 개발 조직의 개발자들은 물론, 디자이너, 비즈니스 애널리스트, 운영 조직 등 다양한 사람들의 도움을 얻어 비로소 테스트를 할 수 있다. 그들의 도움을 받았다는 것은, 상당 기간 동안 회사의 자원을 투자받았다는 것을 의미한다. 회사는 이 많은 인원을 고용하기 위해 보수를 지급하는데, 그들이 PO의 가설을 테스트하는 데 활용됐기 때문이다.

PO가 가설을 설정하고, 테스트하고, 새로운 기능을 선보일 때마다, 그 과정을 "펀딩받았다"라고 표현하기도 한다. 회사로부터 펀딩, 즉 투자받았으니 테스트도 할 수 있는 것이다. 만약 회사가 PO에게 그 자원을 허용하지 않았더라면, 모든 게 불가능해진다.

따라서 PO는 가설을 세울 때마다 신중해야 한다. 그리고 개발 조직과 디자이너에게 티켓을 할당하면서, 회사를 대신하여 귀중한 자원을 투자하는 것이라는 사실을 명심해야 한다.

그래서 PO의 심적 부담이 커질 수밖에 없다. 새로운 가설을 세우고 두세 개의 스프린트를 할애하여 새로운 기능의 A/B 테스트까지 진행했는데, 결과가 예상과 다르면 머릿속이 복잡해지는 것은 당연하다. 특히 애써서 개발과 디자인까지 한 팀원들에게 미안함을 느낄 수 있다. 테스트 결과가 유의미하지 않아 전체 적용을 못 하면, 그 디자인과 기능은 무용지물이 되기 때문이다.

하지만 PO는 이성적으로 판단해야 한다. 애초에 개발을 시작하기 전 문서화해뒀던 '원칙'을 찾아보는 것부터 시작하라. 그리고 그 문서에 기재한 성공 지표도 보고, 왜 그렇게 설정했는지 이유를 되새겨볼 것을 권장한다. 그 과정을 통해 고객에게 어떤 경험을 제공하려고 했는지 스스로 상기할 수 있기 때문이다.

만약 A/B 테스트 결과가 원래 설정해뒀던 지표를 달성할 수 없을 것 같으면 포기해야 한다. 그동안 투입되었던 자원과 시간을 아까워해서는 안 된다. 무엇보다, 개발 조직과 디자이너에 대한 심적인 미안함 때문에 테스트 결과를 왜곡된 시각으로 해석하려 하면 절대 안 된다.

인간은 자기중심적 편향Egocentric Bias의 영향을 받는다. 특히 PO처럼 자기 판단의 옳고 그름을 수시로 평가받아야 하는 사람일수록 이러한 편향이 강해질 수 있다. 그래서 A/B 테스트를 할 때도, 결과가 긍정적이기를 바랄 것이다. 만약 유의미한 결과가 나오지 않더라도, 자기중심적 편향을 가진 PO는 B그룹이 이겨서 새로운 기능을 선보이길 희망할 수 있다.

그렇기에 PO는 더더욱 이성적이어야 한다. A/B 테스트 결과는 통계적 결론이다. 수많은 고객이 실제로 새로운 기능에 노출되었음에도 그 기능이 지표에 유의미한 영향을 끼치지 않았다면, 그 사실을 인정해야 한다. 물론 A/B 테스트가 제대로 진행되었는지 검증하고, 추가적으로 데이터를 분석해보는 것은 PO의 책임이다. 오히려 이게 더 이성적인 행동일 수도 있다. 반문을 거듭하며 진실을 찾으려고 하는 행동이기 때문이다.

하지만 PO 자신도 회사에서 펀딩을 받는 사람이라는 점을 인지하자. 테스트 결과에 승복하지 않고 더 많은 시간을 투자하여 그 결과에서 다른 의미를 찾아내려고 하는 것은 회사나 고객에게 전혀 도움이 되지 않는다.

아무리 자신과 팀원들이 많은 노력을 했어도, 결과가 유의미하지 않으면 납득하고 그다음 가설을 설정해야 한다. PO가 결정을 확실하게 내려야 개발 조직과 디자이너도 시간을 허비하지 않고 다른 목표 달성에 집중할 수 있기 때문이다.

A/B 테스트 결과가 늘 예상했던 것처럼 나올 수는 없다. 우연의 일치도 자주 발생하고, PO가 실제 고객의 행동을 잘 예측하지 못하는 경우도 있다. 어찌 되었건, 테스트 결과가 자신이 바라던 바와 다르다고 낙심하거나 팀원에게 미안해하는 데 시간을 너무 할애하지 않도록 한다. 사실을 재빨리 인지하고, 원인을 명확하게 파악한 후, 그다음 목표 달성을 위해 나아가는 것이 PO의 미덕이다. 때로는 통계적인 실패를 인정할 줄 알아야 고객에게 더 나은 경험을 제공할 수 있다.

통계적인 결과를 토대로
결정해야 진실에 가까워진다

"이직하고 나서 제일 답답한 게 뭔지 알아요?"

"글쎄, 뭔데요?"

"A/B 테스트를 하려는데 사용자가 적으니까 P값이 제대로 나올 기미를 안 보여요."

"7일 정도 돌려도 결과가 안 나와요?"

"쿠팡에서는 테스트를 틀면 곧바로 테스트 그룹에 수십만 명은 거뜬히 들어오잖아요? 여기는 기다리고 기다려도 몇천 명 될까 말까예요. 미치겠어요."

함께 일하다가 훨씬 규모가 작은 스타트업으로 이직한 동료가 사적인 자리에서 억울한 표정을 지으며 말했다. 정말 답답해하는 게 느껴졌다.

이미 밝혔지만, A/B 테스트는 통계적으로 유의미한 결과를 도출해 내기 위한 것이다. 통계적으로 판단하려면 그만큼 샘플링Sampling 사이 즈가 커야 한다. 테스트 그룹에 포함된 대상자가 많을수록 통계적인 계산이 수월하게 이뤄지기 때문이다.

코빗으로 잠시 이직했을 때, 나도 고객 규모의 차이가 데이터 분석에 얼마나 큰 영향을 끼치는지 느꼈다. 고객 수가 상대적으로 매우 적고, 심지어 암호화폐 가격이 요동치지 않은 잠잠한 시기에는 실제로 거래하는 고객이 더더욱 줄어들었다. 유의미한 데이터를 뽑아서 분석하는 것이 거의 불가능할 정도였다. 시기에 따라 행동 패턴이 크게 달라지고, 워낙 샘플링 사이즈가 작으니 우연인지 유의미한 트렌드인지 분간이 안 되었기 때문이다.

이런 경우가 지속적으로 반복되면, PO 입장에서는 답답함을 느낄 수밖에 없다. 그리고 PO의 결단을 기다리는 개발 조직이나 디자이너 등도 동일하게 답답함을 느끼게 된다. 그래서 PO라면 가끔 A/B 테스트를 중단하고 직관적으로 판단하고 싶다는 생각이 들 수 있다.

하지만 직관보다는 통계적인 결과를 토대로 결정을 내려야 한다. 나 스스로보다는 실제로 여러 고객들이 보여준 집단 행동에서 비롯된 추세를 더 믿어야 하기 때문이다. 최대한 이성적으로 판단하려면, 직감을 의식적으로 무시하고 배제하도록 한다.

그런데 조금이라도 더 빨리 고객에게 새로운 기능을 선보이고자 서두르고 싶어질 수 있다. A/B 테스트의 P값이 아직 충분히 낮게 나오지 않더라도, 어느 정도면 괜찮다는 설득을 스스로에게 하게 될 것이다. P값이 낮아지면 낮아질수록 가설에 대한 신뢰도가 높아진다. 충분히 많은 고객이 실제로 B그룹으로 노출되어야 한다. 그렇지 않은 상황에서 B그룹이 이겼다고 단정지어 버리면, 실제로 새로운 기능이 일괄 적용된 후에 예상치 못했던 결과가 나타날 수 있다.

아무리 답답해도 PO는 통계적 의미를 믿고 차분히 기다려야 한다. 예를 들어, 7일 동안 테스트를 진행하려 계획했는데, 2일 차에 P값이 매우 낮게 떨어지는 경우가 있다고 가정해보자. 그러면 나머지 5일 동안 테스트를 더 진행해야 하는지 스스로에게 되물을 수 있다. 당장이라도 고객에게 적용할 수 있다는 생각이 들기 때문이다. 하지만 7일이라는 기간을 모두 거쳐야 시기에 따른 편차도 테스트가 감안할 수 있게 된다. 고객은 일요일과 월요일의 행동이 다르고, 목요일과 토요일의 행동이 또 다르기 때문이다. 일주일은 모두 거쳐야 이런 기간적 변동 Seasonality을 통계적으로 헤아릴 수 있게 된다. 그리고 일시적으로 낮춰질 수 있는 P값과 더불어, 특정 기간 내내 P값이 어느 정도로 유지되는지 알 수 있는 P값 트렌드도 고려해야 하기 때문이다.

PO는 늘 이성적이어야 한다. 서두르지 말고, 충분한 고객이 B그룹에 포함되어 유의미한 결과가 도출될 수 있도록 기다리자. 인내심을 가지고 기다리다 보면 진실에 더 가까워질 것이기 때문이다. 그래야만 진정으로 훌륭한 프로덕트를 얻게 된다.

검증하려는 수치는 미리 정하자

요즘 A/B 테스트 플랫폼은 매우 다양한 수치를 검증할 수 있게 해준다. 테스트를 설정할 때 클릭 몇 번만으로 많게는 백 가지가 넘는 수치도 확인할 수 있다. 하지만 너무 많은 수치를 확인하려고 하면 문제가 발생한다.

- A/B 테스트 도중 전혀 예상하지 못했던 수치가 긍정적인 결과를 보여주면, 그것에 맞춰 테스트가 성공적이었다는 논리를 갑자기 만들 수 있다.
- 정작 테스트하고자 하는 기능과 무관한 수치에 한눈이 팔려 유의미한 테스트 결과를 확인 못 할 수 있다.

PO는 A/B 테스트를 시작도 하기 전에 미리 어떤 수치를 검증할지 결정해야 한다. 그렇게 결정한 후, 그 수치의 변화에 집중하도록 하자. 다른 부수적인 수치가 긍정적이거나 부정적인 결과를 보이더라도, 가장 주된 수치가 무엇인지 확실히 인지하도록 한다. 주의가 분산되면 안 된다.

A/B 테스트의 목적은 가장 중요한 수치 몇 가지의 변화를 검증하는 것이다. 일단 테스트를 시작해놓고 어떤 수치가 긍정적으로 변화하는지 지켜보면 절대로 안 된다.

만일 일단 테스트를 시작했으면 유의미한 결과가 나올 때까지 차분히 지켜보도록 하라. 초반에 어떤 부수적인 수치가 유의미한 결과를 보이기 시작했다고, 테스트를 중단해서 다시 그 수치를 중심적으로 설정하면 안 된다. 테스트를 중단하고 다시 시작하는 것은 상당히 쉽지만, 무조건 성공적이라는 것을 증명하려고 그 편리함을 악용해서는 안 된다.

PO가 테스트를 시작하기 전에 미리 수치를 정하고, 그것에만 집중하면 문제가 없다. 차분히 지켜본 후, 결과를 이성적으로 받아들이도록 하자.

10장

론칭한 서비스의
문제를 바로잡기

업데이트 소식을
고객센터에 먼저 전달하라

"디자인 시안과 함께 각 메뉴에 대한 설명을 작성해서 보내드렸습니다."

"네, 스티븐. 정말 감사합니다. 도움이 많이 됐어요."

"다행이네요. 당연히 공유해드려야 고객에게 안내를 드릴 수 있죠."

"네, 담당자도 파악 다 했고, 센터에도 교육시켰습니다. 궁금한 점이 있으면 또 여쭤볼게요."

코빗에서 새로운 모바일 서비스를 선보일 때, 나는 최대한 미리 디자인 시안을 토대로 기능을 설명하는 사용 안내서를 작성했다. 그리고 그걸 고객 서비스 조직에 전달했다.

회사에서 새로운 기능에 대해 가장 잘 아는 사람은 PO다. 고객은 물론, 내부 유관 부서에 제일 간결하게 설명할 수 있는 적임자다. 고객에게 어떤 경험을 제공하기 위해, 무엇을, 왜 개발했는지 충분히 이해하고 있기 때문이다.

그런데 간혹 이를 간과하는 PO도 있다. 새로운 기능이 배포되고 모든 고객에게 적용되는데, 다른 이들에게 알리지 않아 혼동이 일어날 수 있다. 갑작스럽게 기능이 변경되거나 새로운 디자인이 적용되면, 고객을 대하는 다른 조직들은 상황을 파악하느라 정신이 없어진다.

따라서 특히 고객과 최접전에서 대면하는 부서에게는 새로운 기능에 대해 필수적으로 알려야 한다. 고객센터는 미리 안내할 내용을 파악하고 있어야 한다. 자신이 실제 고객이라고 상상해보자. 갑자기 생긴 기능이 헷갈려서 고객센터에 전화했는데, 안내해주는 분이 "죄송합니다, 고객님. 담당자와 확인해본 후 다시 연락드려도 될까요?"라고 대답하면 어떤 느낌이 들까? 일단, 바로 답을 얻을 수 없어 답답할 것이다. 그리고 이 회사는 내부적으로 무슨 변화가 일어나는지도 모르니, 서로 소통이 안 된다고 생각할 거다. 회사와 프로덕트에 대한 신뢰가 떨어질 것이다.

처음 들어보는 기능 때문에, 상담사도 답답함을 느낄 것이다. 안내를 해주고 싶지만, 도대체 무슨 기능을 의미하는지 알 수가 없어 대화를 종료하고, 내부 부서에 문의하고, 다시 고객에게 연락을 취해야 하는 불편함이 발생한다. 시간과 에너지 낭비가 초래된다.

그래서 PO는 다수의 고객이 경험하는 프로덕트가 변화할 경우, 무조건 고객센터에 알려야 한다. 최대한 미리 개발 문서와 함께 주요 사용법을 정리해서 전달하는 걸 권장한다. 그래야 고객센터에서도 미리 상담사분들께 자료를 배포하고 교육할 수 있기 때문이다. 문서를 파일로 만들어서 공유하기보다는, 온라인으로 접속 가능한 문서나 위키 페이지 등을 생성하여 스크린샷과 함께 기능을 설명하면 내용을 배포하기 수월하다.

고객센터뿐만이 아니다. 사업 개발 조직에서는 거래하는 업체에 영향을 끼칠 경우, 미리 개별적으로 안내를 해주고 싶을 것이다. 보안 조직에서도 어떤 서비스가 업데이트되는지 알고 있어야 한다. 개발 조직에서도 갑작스럽게 변하는 트래픽 등, 변동 가능성에 대해 미리 인지해야 한다. 일반적으로 생각하는 것보다 수많은 내부 조직에 영향을 끼친다.

일반 고객이 아니라, 내부 고객이 사용하는 프로덕트가 업데이트되더라도 동일하게 안내해야 한다. 해당 프로덕트를 사용해서 서비스를 운영하는 모든 부서에 이메일로 일괄 안내하는 것이 좋다. 이미 며칠 전 배포 일정에 대해 안내했더라도, 전체적으로 적용할 때 다시 한 번 안내해야 한다. 이때 사용 설명서 등을 다시 한 번 함께 첨부하면 도움이 된다.

만약 법적 의무로 인해 무조건 고객에게 고지해야 할 경우, 전체 적용 직전에 재공지하도록 한다. A/B 테스트 도중 B그룹에게만 고지를 먼저 해야 했다면, 공지 내용 노출 방법도 동일하게 분리한다. 이제 전체 적용을 한다면, A그룹에 있다가 B그룹으로 옮겨갈 트래픽에 같은 내용이 공지되도록 설정하면 된다.

내·외부 고객 및 유관 부서에 모두 안내를 마쳤다면, 이제 드디어 A/B 테스트를 종료하고 B그룹을 100%로 올릴 때가 왔다. 이 순간부터는 오래전부터 가설을 정하고, 기획하고, 디자인하고, 개발하고, 배포하고, 테스트까지 한 기능이 프로덕트의 일부분으로 자리매김하게 된다.

100%로 올리게 되면 그간 고생했던 이들이 후련함을 느낄 것이다. PO로서 이때 팀원들에게 진심으로 감사를 표하기 바란다. 그들이 없었다면 새로운 디자인이나 기능을 고객들에게 선보일 수 없었을 것이기 때문이다. 프로덕트가 개선될 때마다 그 공을 PO 자신에게 돌리지 않도록 하자. PO 혼자서는 그 어떤 것도 할 수 없다는 사실을 늘 명심하라.

프로덕트는 완벽할 리 없다

"여보세요? 혹시 알고리즘이 작동 안 되서 전화하셨나요?"

"맞아요, 스티븐. 지금 안 돌아가고 있어요."

"네, 인지하고 있습니다. 잠시만요, 또 다른 분이 전화하시네요. 일단 개발팀과 확인 중이니, 채널에서 2분마다 업데이트해 드리겠습니다. 죄송합니다."

늦은 시간에 퇴근 후 운동까지 마치고 막 귀가했는데, 전화기가 계속 울렸다. 손목에 차고 있던 스마트 워치는 진동을 멈추지 않았다. 통화 도중 또 다른 담당자가 전화를 걸어왔다. 당장 문제를 파악하고 해결해야 했다.

내부 고객이 사용하는 웹사이트에 새로운 기능을 추가했는데, 테스트 당시 미처 인지하지 못했던 문제가 발생한 것 같았다. 배포는 이미 했지만, 내부 고객들이 집중적으로 사용하기 시작하니 문제가 터졌다. 엣지 케이스Edge Case라고 불리는 매우 특수한 경우로 인해 문제가 생기는 경우가 간혹 있다.

전화기는 계속 울렸다. 1초가 급한 상황에서 전화만 받고 있을 수는 없기에, 나는 곧바로 내부 고객들이 모두 접속해 있는 메신저 채널에 글을 남겼다.

업데이트

- 문제 인지하고 있습니다. 개발팀과 확인 중입니다.
- 2분마다 여기에 상황을 업데이트하겠습니다.
- 개별적으로 전화 안 해주셔도 됩니다.

이렇게 글을 남긴 후, 나는 담당 개발자와 소통하기 시작했다.

"현장 전부에 영향을 끼치고 있어요. 일부가 아니에요."

"네, 스티븐. 지금 확인하고 있어요. 무슨 문제인지 알 것 같아요."

"얼마나 더 걸릴까요? ETA를 대략적으로나마 알려줘요."

"5분만 더 주세요."

"현장에서는 시간적 여유가 30분밖에 없을 거예요. 만약 5분 이상 걸릴 것 같으면, 바로 중단하고 롤백해주실 수 있을까요?"

다행히 우리는 문제가 발생할 가능성을 기정사실화해 뒀기 때문에, 재빨리 대응할 수 있었다. 새로운 기능이 전체 적용되는 날에는 특히 더더욱 신경 쓰면서, 나와 담당 개발자가 밤을 지새울 태세로 대기한다.

테스트까지 거치고 점차적으로 사용률을 높여가며 100%로 적용했더라도, 예상치 못했던 문제가 발생할 수 있다. 그럴 경우를 대비해서 PO는 개발 조직과 사전 협의하여 담당자가 계속 모니터링할 수 있도록 조치를 취해야 한다. 개발자가 문제를 해결하는 동안 PO는 내·외부 고객 또는 유관 부서에 계속 상황을 안내해줘야 하니 PO도 대기를 하는 것이 맞다.

아니, PO는 필수적으로 대기해야 한다. 결정을 내려줘야 하기 때문이다. PO는 계속 상황을 파악하여 다음 중 하나를 선택해야 한다.

- 심각한 문제일 경우, 당장 이전 버전으로 롤백한다.
- 금방 고쳐질 문제일 경우, 잠시만 기다려달라고 안내한다.
- 금방 고쳐질 줄 알았지만 시간이 지체될 경우, 롤백하거나 차선책으로 대응한다.

자신의 프로덕트에 문제가 발생한 것 때문에 초조하거나 창피해하는 PO도 있을 것이다. 하지만 이 순간만큼은 그런 감정을 느끼기보다, 매초마다 고객에게 끼칠 영향을 고려하면서 최적의 결정을 내리는 것이 급선무다. 개발자의 역량, 소요될 시간, 고객의 상황 등을 종합적으로 살펴보며 적절한 시간에 과감한 결정을 내려야 할 수도 있다.

PO가 우물쭈물하다가는 프로덕트도 망하고 고객 경험도 무너진다.

곧바로 해결할 수 있는데 무조건 롤백하는 것도 옳지 않다. 그렇다고 개발자의 말만 믿고 해결될 때까지 시간을 지체해서도 안 된다. 각 상황은 그만의 특수함이 있기 때문에, PO는 모든 정보를 소화하며 언제든지 결정을 내릴 준비를 해야 한다.

그리고 결정했으면, 무조건 일관성 있게 집행하라. 롤백을 안 한다고 했다가, 롤백을 부탁했다가, 다시 고치자고 하면 모든 이들이 혼동에 빠진다. PO는 모든 상황의 중심에 있다. 개발자는 기술적으로 해결하는 책임을 지녔을 뿐, 어떤 선택을 내려야 하는지는 PO의 몫이다. 고객과 유관 부서도 PO가 결정을 내려서 안내해주기만을 기다리고 있다. 절대로 우유부단하게 행동해서는 안 된다.

새로운 기능을 100%로 적용했다는 기쁨도 잠시, PO는 곧바로 최악의 상황을 대비해야 한다. 미리 그런 가능성을 인정하고, 개발 조직과 함께 대응할 준비를 하도록 하라. 전화기나 메신저로 연락이 폭주해도 당황하지 않고 책임감 있게 상황을 파악하며, 안내하고, 결정을 내리고, 문제가 모두 해결될 때까지 지원해야 한다.

프로덕트는 완벽할 리 없다. 고객은 PO나 개발 조직이 예상하지 못했던 방식으로 프로덕트를 사용하기도 한다. 아무리 테스트를 오래 해도 모든 경우의 수를 검증할 수도 없다. 프로덕트는 계속해서 개선될 뿐, 완벽한 프로덕트는 없다. 이 사실을 명심하면 문제가 발생해도 차분하게 대응할 수 있다. 미리 준비해서 이성적으로 판단하는 PO가 되어야 한다.

시간 낭비를
최소화하기 위한 전략

"스티븐, 그다음 UT 일정은 언제로 잡혔어요?"

"아직 대상자 섭외 중인데, 다음주 목요일쯤 가능할 것 같아요. 괜찮겠어요?"

"그럼요, 다 준비됐어요."

새로운 대규모 기능 개편을 100%로 선보인 그다음 날, 디자이너가 UT 일정에 대해 물었다. 하나를 끝냈으니 잠시 숨을 돌릴 만도 할 텐데, 우리는 이미 그다음을 향해 가고 있었다.

쿠팡에는 15가지의 리더십 원칙Leadership Principles이 있다. 모든 일원이 추구해야 하는 가치를 15가지로 정리해둔 것이다. 그중 내가 가장 각별하게 새겨둔 원칙 하나는 Hate Waste다. 직역하면 '낭비를 증오하라'는 문구가 되지만, 이 표현 안에 많은 것이 함축되어 있다. 단순히 집행되는 비용을 낭비하지 말라는 뜻은 아니라고 생각한다.

나는 Hate Waste라는 표현을 자주 사용한다. 특히 개발 우선순위를 정하거나, 회의를 할 때 이 표현이 빈번하게 튀어나온다. 회의 도중 불필요한 대화 때문에 시간을 허비하면, "여기 수많은 사람들의 시간을 낭비하지 말고, 논의가 필요한 사람들끼리 별도로 만나서 대화합시다. Let's hate waste."라고 말하기도 한다. 혹은 매 분기가 끝날 무렵 내가 맡은 프로덕트에 대한 문서 업데이트를 하면서 PO인 나 스스로에 대한 비판을 할 때, "고객이 우리 프로덕트를 고용하는 이유를 명확하게 이해하고, 특정 기능 개선에 집중했어야 했다. 하지만 개발 자원을 약 2주간 다른 일을 해결하는 데 투자했다. Haste Waste했어야 하지만, 자원과 시간을 허비했다"라고 인정하기도 한다.

매우 빠른 속도로 발전하는 업계에 속해 있는 PO와 개발 조직은 시간이 귀하다. 스스로는 물론, 개발 조직과 디자이너, 비즈니스 애널리스트, 그 외 유관 부서원들의 시간을 조금이라도 허비하는 걸 극도로 꺼린다. 그들의 시간이 곧 자원이자 비용이고, 시간을 효율적으로 활용해야 고객에게 더 나은 경험을 계속해서 선보일 수 있기 때문이다.

한때 다른 그 어떤 조직보다 우리 팀이 훨씬 더 많은 기능을 배포한다며 팀원이 장난 섞어 투덜거리는 걸 들었다. 실제로도 다른 조직에서 디자인 개편 한 번 하는 데 두 달 정도 투자되는 동안, 우리는 모든 플랫폼의 디자인 개편을 다 끝내고, 새로운 기능도 매 스프린트마다 추가로 적용했다. 그 결과 단기간에 모든 성공 지표를 달성하고 더 높게 재

설정해야 할 정도로 수십 배나 성장할 수 있었다. 당시에는 힘들지만, 되돌아보면 이렇게 자원을 낭비하지 않고 프로덕트를 개선했던 경험이 값지게 느껴진다.

이처럼 PO는 Hate Waste라는 원칙을 따라야 한다. 특히 시간을 잘 활용하기 위해 개발 조직과의 협업 시 일정을 잘 계획하는 것이 우선이다. 나는 조금이라도 시간을 낭비하지 않고 곧바로 그다음 목표로 전진할 수 있도록, 다음과 같이 각 직무별 일정을 계획한다.

PO	요구사항	시안 검토	UT	요구사항	시안 검토	UT	요구사항
디자이너	1차 시안	2차 시안	최종 시안	1차 시안	2차 시안		최종 시안
백엔드	개발 시작	개발		기타 개발	QA		개발 시작
프론트엔드	기타 개발	개발 시작	개발		QA		버그 수정

순서를 보여주기 위한 매우 기본적인 틀이니, 상세 일정의 비중 등은 무시하기 바란다. 개발 기간이 더 길어질 수도 있고, UX 검증 기간도 별도로 잡지 않았다. 파란색, 회색, 진한 회색은 각각 다른 프로젝트를 의미한다.

일단, PO가 우선적으로 요구사항을 정의한 다음, 디자이너와 개발 매니저에게 전달한다. 디자이너는 1차 시안 작업에 착수하고, 개발 매니저는 백엔드 개발자들과 함께 논의한 후 시스템 아키텍처를 고안하고 개발을 시작한다. 디자이너가 2차 시안을 작업할 시점엔 화면 구성이 거의 완성 단계에 접어들기 때문에, 그때부터 프론트엔드 개발자도 개발을 시작할 수 있게 된다. UT를 거쳐 최종 시안이 나오고 개발이 완료되는 동안, PO는 A/B 테스트 및 배포 준비를 하면서, 그다음 기능에 대한 요구사항을 작성한다.

PO가 그다음 요구사항을 준비하면, 개발 조직이 개발에 집중하는 동안 디자이너는 그다음 1차 시안 작업에 돌입한다. 그리고 이 프로세스가 반복된다. 중간에 잠시 백엔드 및 프론트엔드 개발자의 시간이 비는 동안에는, 백로그에 있는 개발물이나 플랫폼 개선을 위한 기술 개선 Technical Improvement에 자원을 할애한다.

중요한 건, PO가 거쳐야 하는 주요 과정을 이해하고, 각 직무별로 다른 이의 결과물을 기다리는 동안 시간을 낭비하지 않도록 계획하는 것이다. PO의 요구사항이 있어야 디자인 시안 작업이 가능하고, 디자인 시안이 제공되어야 개발 조직이 개발에 착수할 수 있다. 그러므로 서로 다른 업무에 집중하고 있는 동안, 각자 맡은 바를 흐름에 맞게 진행하면 시간 낭비를 최소화할 수 있다.

PO는 한정된 시간 내에 최대의 가치를 고객에게 제공해야 한다. 프로덕트 개선은 끊임없이 이어져야 하는데, 주어진 시간과 자원은 무한하지 않으니 항상 빈틈없이 각 직무별로 작업에 집중할 수 있도록 준비한다. 언제나 Hate Waste를 명심하고 조금이라도 시간 낭비하지 않기 위해 노력하면, PO가 독하다는 소리를 들을지언정 결국엔 고객에게 최고의 경험을 제공했다는 사실에 모두 내심 뿌듯해할 것이다. 훌륭한 프로덕트를 만들어서 고객에게 칭찬받으면 보람 있기 때문이다.

고객의 소리를 들을 수 있는
환경을 조성하라

"매일 고객센터로 접수되는 문의나 불만사항을 따로 정리해서 공유하시나요?"

"아뇨, 시스템상으로 볼 수는 있어요."

"그럼 개별적으로 찾아보지 않으면, 고객이 어떤 불편함 때문에 고객센터에 연락하는지 본사에서는 모르겠네요?"

"네, 큰 문제가 발생하면 개발팀에는 알려주긴 해요."

"그럼 혹시 매일 주요 문의나 불만사항을 별도로 정리해서 그다음 날 오전에 메일로 발송해줄 수 있나요? 방법은 알려드릴게요."

코빗으로 이직하고 나서 나는 곧바로 고객 서비스 팀원에게 고객의 소리VOC를 별도로 정리하는지 물었다. 매일 몇 건씩 문의나 불만이 접수되고 있고, 그중 몇 개를 제시간에 처리했는지에 대한 지표는 관리되고 있었다. 하지만 내용을 별도로 종류별로 묶어서 정리하지는 않았다.

VOC는 Voice of the Customer, 즉 고객의 소리를 뜻하는 약자다. 고객이 프로덕트를 사용하던 중 불편함을 느끼거나 궁금증이 생겼을 때 회사로 연락을 취하는 모든 시도가 VOC다. 고객센터로 직접 전화하거나, 메일을 보내거나, 게시판에 문의글을 남기거나, 심지어 편지를 발송해도 모두 VOC로 간주한다.

PO에게 VOC만큼 소중한 정보는 없다. 고객의 의견을 수렴하고, 고객이 느끼는 불편함을 제거하고, 고객이 원하는 가치를 제공하는 프로덕트를 만들 때, 고객의 생각을 생생하게 접할 수 있다는 것은 축복에 가깝다. 고객센터의 상담원이 고객의 문의사항에 답변하면 절차가 완료됐다고 여길 수 있지만, 그렇게 접수되는 고객의 의견을 취합하면 PO를 비롯하여 개발 조직, 운영 조직, 경영진 등 여러 내부 부서에 도움이 된다.

그래서 나는 코빗에 입사하자마자 VOC 리포트를 만들자고 제안했다. 이 리포트에는 다음과 같은 정보가 포함된다.

- 사용자 ID
- 고객 분류
- 문의사항 / 의견
- 문의 분류
- 접속 경로

- 기기 종류

- 앱 버전 정보

- OS 정보

- 브라우저 정보

- 최초 가입일자

- 최근 30일간 거래량

- 최근 90일간 거래량

- 최근 1년간 거래량

- 최근 30일간 접수되는 VOC 수

- 최근 1년간 접수되는 VOC 수

사용자 ID와 고객 분류는 고객을 구분하기 위함이다. 각 프로덕트나 회사마다 운영되는 방식은 다르겠지만, 일반 고객, VIP 고객, VVIP 고객 등으로 나누듯이 구분하는 기준이 있다면 여기에 활용하면 된다. ID는 개별적으로 문제를 해결하기 위해 필요하기 때문에 기재해두면 훨씬 수월하다.

문의사항과 의견은 고객이 전달한 내용이다. 이메일일 경우 그대로 포함하면 된다. 만약 전화나 앱으로 문의한 내용일 경우, 상담사가 내용을 요약하여 기입한 것을 사용한다. 이 리포트의 가장 핵심은 바로 이 고객의 소리다. 고객 서비스 조직에서 별도로 관리하는 고객 분류 방식이 있다면 여기에 표기하지만 없어도 무관하다.

접속 경로, 기기 종류, 앱 버전 정보, OS 정보, 브라우저 정보는 고객이 사용하는 환경에 대해 이해하기 위함이다. 동일 기종의 스마트폰일지라도, 앱이나 OS를 최신으로 업데이트하지 않을 경우 버전이 다 다를 수 있다. 너무 오래된 앱 버전이라면 프로덕트가 최적화되어 있지 않기 때문에 에러가 발생할 수도 있는데, 이런 정보를 함께 기재하면 PO나 개발 조직에서 바로 대응하기 쉬워진다.

그 외 부수적인 정보로는 거래량이나 매출 등 사업 관련 데이터가 있다. 고객이 최근에 가입했는지, 거래를 많이 했는지, 통상적으로 VOC를 많이 제기하는 편인지 등 다양한 정보를 통해 고객의 의도와 상황을 파악할 수 있다.

매일 접수되는 VOC를 모두 취합해서 전달하는 것은 무의미하다. 너무 양이 많기 때문이다. 그래서 고객 서비스 조직의 일원이 매일 주요 내용만 검열하여 취합하면 도움이 된다. 특히 기술적으로 문제가 발생한 날에는 그것에 관련된 불만 또는 문의사항을 취합해줄 경우, 고객한테 실질적으로 끼친 영향을 더 상세하게 파악할 수 있다.

이렇게 정리된 정보는 내부 시스템이나 태블로 등으로 취합되어 매일 특정 시간에 발송되도록 하면 된다. 수신자는 PO, 개발 매니저, 디자이너, 운영 조직, 법무 조직, 경영진 등이 될 수 있다. 누구든지 관심 있으면 공유받아 숙지해야 하므로, 딱히 VOC 리포트를 한정된 인원에게만 공유할 필요는 없다.

PO라면 이렇게 발송되는 VOC 리포트를 매일 읽길 권장한다. 수많은 고객을 직접 접할 수 없으니, 취합된 글을 읽다 보면 상당히 중요한 정보를 발견하게 된다. 나는 VOC 리포트에서 알게 된 고객의 불편함을 해결하고자 새로운 기능을 상당수 고안했다. 어찌 보면 VOC 리포트는 PO의 수고를 많이 덜어주는 툴이라고 할 수 있다.

나는 PO로서 분기마다 콜센터에 직접 들렀다. 회사마다 운영 방침이 다르고, 법적인 제약이 있기 때문에 방법은 회사 상황에 맞춰 찾아야 할 것이다. 그래도 허락된다면, 하루 정도 날을 잡아 콜센터 상담원 옆에 앉아 실제 고객의 의견을 전해듣는 것이 큰 도움이 된다.

VOC 리포트는 글로 정제되어 있지만, 콜센터에서 받는 콜에는 고객의 감정이 그대로 담겨 있다. 얼마나 언짢은지, 불편한지, 답답한지, 그 고객의 감정을 순전히 접하게 되면 많은 반성을 하게 된다. PO 자신이 책임지고 있는 프로덕트를 사용하는 고객의 불편함을 직접 들어보도록 하라.

그렇다고 VOC 리포트나 접수되는 내용이 모두 부정적인 것은 아니다. 때로는 칭찬도 듣게 된다. 고객은 일반적으로 불편함을 느낄 때 고객센터로 연락하기 때문에, 칭찬을 접하는 것은 극히 드물긴 하다. 하지만 그 마음을 전달받을 땐, 큰 보람을 느끼게 된다. 더더욱 발전된 프로덕트를 만들고 싶다는 생각이 들 것이다.

이와 같이 PO는 고객의 소리를 접할 수 있는 환경을 조성해야 한다. 이런 절차가 없다면 고객 서비스 조직과 협업하여 VOC 리포트를 생성하는 걸 추천한다. 고객의 소리를 접하다 보면 새로운 아이디어가 떠오르기도 할뿐더러, 반성도 하고 기쁨도 느낄 수 있기 때문이다. 고객과 더더욱 가깝게 지낼 수 있도록 VOC를 챙겨야 하는 이유다.

멀티태스킹으로 문제를 해결하는
세 가지 원칙

"스티븐, 아직 퇴근 안 하셨죠? 자리에 계신가요?"

"네, 방금 회의가 끝나서 자리에 돌아왔습니다. 무슨 일이신가요?"

"지금 회의 도중 개발 요청을 드리고 싶은 게 있는데, 잠시 시간 되실까요?"

"그럼요. 15층으로 내려가면 될까요?"

오전 9시부터 첫 회의를 시작해서 오후 7시가 되어서야 겨우 다 끝내고 자리에 돌아왔는데, 어디선가 지켜보고 있던 것처럼 곧바로 전화가 왔다. 목소리가 다급하게 느껴져 곧바로 참석하겠다고 말한 후, 한 손에 맥북과 메모장을 다시 들고 엘리베이터로 향했다.

15층에 내려가니 복도 한쪽 전체를 뒤덮고 있는 화이트보드에 숫자와 글씨가 빼곡하게 차 있었다. 주변에는 대여섯 명이 서서 열띤 토론을 하고 있었다. 나는 바로 경청하며 내용을 파악하기 시작했다. 분명 그 자리에서 "언제까지 개발될까요?"라는 질문이 나올 것이 분명했기 때문이다.

PO의 삶에서 가장 고된 요소 중 하나는, 하루 종일 수많은 정보를 흡수하고 곧바로 생각을 정리해야 하는 것이다. 프로덕트 하나를 책임지든, 여러 개를 맡고 있든 상관없이, PO는 다양한 회의에 참석한다. 개발자와 이슈를 분석하는 회의, 디자이너와 시안을 검토하는 회의, 데이터 과학자와 알고리즘을 논하는 회의, 경영진과 다음 분기 목표에 대해 의논하는 회의, 그리고 수많은 유관 부서의 요청을 접하는 회의까지. 짧게는 15분에서 30분 단위로 나눠 계획된 회의에 참석하기 위해 이 층, 저 층 이동하다 보면 뇌가 휴식할 틈이 없다.

그런데 PO가 요점을 빨리 파악하고 결정을 내려야 하기 때문에, 회의에 들어가면 최대한 빨리 내용을 이해해야 한다. 맥락이 30분마다 바뀌니, 그보다 더 빨리 요점을 짚어야 한다. 디자인 시안을 논하다가 갑자기 알고리즘 검토를 하게 되어도, 무슨 문제를 어떻게 해결해야 될지 알아채는 것이 중요하다. 거의 대부분의 회의에서는 PO가 결정을 내려주고 그다음 계획을 잡아주길 기대하기 때문이다.

그렇게 하다 보니 스스럼 없이 질문하는 성향이 생겼다. 나에게는 30분밖에 시간이 없는데, 도저히 이해 안 되는 내용이 거론되는 것을 듣고만 있을 수는 없기 때문이다. 처음에는 대화를 중간에 끊는 것이 미안했지만, 최대한의 예의를 갖추는 것보다는 PO로서 내용을 잘 파악하고 결정을 내리는 것이 더 중요하다는 사실을 깨달았다. 다른 이들에게는 무조건 착한 PO보다는, 신속하고 정확하게 이해하는 PO가 더 필요하기 때문이다. 그래야 조금이라도 더 신속하게 고객 경험을 개선할 수 있다.

PO는 회의 도중에 컴퓨터나 핸드폰을 자주 들여다보게 된다. 나는 이런 행동을 최대한 기피하려 하지만, 당장 개발자의 질문에 대답을 안 해주면 회의가 끝나는 저녁까지 진척이 없을 수도 있기 때문에, 귀로 회의 내용을 경청하면서도 손으로는 타이핑하며 대답해줄 때가 많다. 동시에 수많은 생각을 하면서도 각각에 집중해야 하는, 불가능하게 느껴지는 일상의 연속이다.

PO가 온전하게 자신의 프로덕트에만 집중할 수 있다면 참 좋겠지만, 이처럼 실상은 그렇지 않다. 내·외부 고객은 언제나 더 발전된 프로덕트를 기대하고, 유관 부서에서도 필요한 게 많다. 그리고 경영진에 보고해야 하는 데이터와 자료도 PO가 마련하기 때문에, 뇌는 언제나 깨어 있어야 한다. 만약 운영상의 문제가 발생할 경우 저녁과 새벽에도 연락을 주고받아야 되니, 실제로 거의 대부분의 시간을 정신 바짝 차리고 지내야 한다.

이런 PO의 삶에 적응하려면 몇 가지를 꼭 지켜야 한다.

먼저, 꼼꼼해야 한다. PO의 입장에서는 하루에 회의를 10개 참석하고 수십 명을 만난 거지만, 그들에게는 자신에게 가장 중요한 요청을 PO에게 딱 한 번 전달한 것이다. 그 자리에서 그 내용을 요약하여 어디엔가 기록해두지 않으면 놓치게 된다. 아무리 기억력이 좋아도, 하루에도 수십 번 바뀌는 맥락 속에서 작은 디테일을 다 기억할 수는 없다. 컴퓨터에 기록하든, 메모장에 적어두든, 자신만의 방법을 찾아 반드시 꼼꼼하게 모든 걸 챙겨야 한다. 일단 모든 요청사항을 다 취합하는 것이 기본이기 때문이다.

그리고 나서 우선순위를 이성적으로 정하도록 한다. 냉담하게 모든 요청사항을 뜯어보며, 무엇이 가장 중요한지 파악해야 한다. 고객에 끼치는 영향, 개발 조직의 자원, PO 스스로의 시간적 여유 등을 모두 헤아려서, 인정 없이 우선순위를 정하라. 개인적인 감정을 모두 배제하고, 가장 중요한 게 무엇인지 알아내는 게 PO의 의무다.

그런 후, 커뮤니케이션을 잘해야 한다. 나는 이를 기대치 관리 Expectation Management라고 부른다. PO에게 요청사항을 전달하는 모든 이에게는, 자신의 요청사항이 제일 중요하다. 하지만 PO와 개발 조직에게는 우선순위가 따로 정해져 있다. 그래서 마치 당장이라도 해줄 것처럼 말해놓고서는 개발까지 한참 걸리면, 내·외부 고객이나 유관 부서원이 실망하므로 그들과 건강한 관계를 유지할 수 없게 된다. 나는 언제나 그 분기에 달성하기로 결정한 OKR과 성공 지표, 그리고 각 프로덕트별로 설정한 지침을 떠올리며, 각 요청사항이 어느 정도의 우선순위인지 상대방에게 알려준다. 회의 중에 결정할 수 없다면, 회의가 끝나고 나서 최대한 이른 시일 내에 설명한다. 당장은 거부하는 것처럼 들릴지언정, 서로 간의 올바른 기대치가 형성된다면 실망은 안 하기 때문이다. 그리고 현실적으로 PO나 개발 조직이 당장 도움을 줄 수 없다는 사실을 알아야 상대방은 차선책을 마련할 시간을 벌 수 있다. PO가 해결해줄 것처럼 기대만 하다가 시간을 다 허비하면, 궁극적으로 고객에게 좋은 경험을 제공할 수 없다.

PO는 문제 해결사 같은 존재다. 고객이 느끼는 불편함, 유관 부서가 겪는 어려움, 경영진이 궁금해하는 사안 등, 다양한 것에 대한 해결책을 제시할 수 있어야 한다. 특히 자신의 프로덕트와 관련된 사항이라면 무조건 책임지고 문제를 해결해야 한다.

하지만 PO는 한 명의 인간이기 때문에, 이 많은 요청사항을 모두 수용할 수는 없다. 그래서 각자에게 맞는 절차를 만드는 게 중요하다. 이해한 바를 꼼꼼하게 기록하고, 우선순위를 정하고, 올바른 기대치를 형성하는 것, 이 세 가지만 잘 지켜도 큰 어려움 없이 정보의 홍수 속에서 가장 중요한 것에 집중할 수 있게 될 것이다.

5 Why 방식을 고수하자

아무리 테스트를 충분히 거치고 100%로 올려 전체 배포를 완료했어도, 예기치 못한 순간에 문제가 발생할 수 있다. 갑자기 접속하는 고객 수가 급증하거나, 고려하지 못한 극단적인 일Edge Case이 터지는 등, 원인은 여러 가지가 있다.

문제가 발생했을 경우, 일단 개발 조직과 함께 최단 시간에 서비스를 정상화할 수 있도록 집중한다. 이때는 장기적인 관점보다는, 최대한 신속하게 문제를 중단할 방법에 집중해야 한다. 고객에게 미치는 영향을 최소화하는 것이 가장 중요하기 때문이다.

먼저 이렇게 대응한 후, 인시던트 리뷰 회의를 소집한다. 이때는 담당 개발 조직은 물론, 개발 매니저, 유관 부서 등 관련된 모든 이들을 초대한다. 문제가 발생하자마자 회의를 소집할 필요는 없다. 며칠, 혹은 일주일 정도의 시간을 두고 준비해도 된다. 다만, 너무 오래 기다리면 무슨 일이 발생했는지 구체적으로 기억하기 어렵고 또 다른 문제가 생길 수도 있으니, 더 늦추지는 않도록 한다. 인시던트 리뷰가 시작되기 전, 개발 담당자는 다음과 같은 사항을 문서화하여 미리 참석자에게 공유하도록 한다.

- 언제 문제가 발생했나?
- 문제를 인지할 때까지 시간이 얼마나 소요됐나?
- 고객에 끼친 영향의 규모는 어떻게 되나?

- 문제는 왜 발생했나?
- 단기간용으로 적용된 솔루션은 무엇이었나?
- 중장기적으로 문제를 완벽하게 해결할 솔루션은 무엇인가?

이 중 가장 중요한 것은 문제가 발생한 원인을 파악하는 것이다. 왜 문제가 발생했는지를 알아야 적절한 해결책을 마련할 수 있고, 재발을 방지할 수 있기 때문이다. 원인을 파악하는 방법은 여러 가지가 있겠지만, 흔히 사용하는 것은 5 Why라는 방식이다. 5 Why는 "왜?"로 시작하는 다섯 가지 질문을 토대로 근본적인 원인을 파악할 수 있도록 깊게 파고드는 접근법이다. 첫 번째 질문은 넓은 시각에서 접근하고, 후속 질문을 이어갈수록 깊게 파고들어야 한다.

영화 예매 앱에 문제가 발생하여 고객이 일정 기간 동안 예매할 수 없었다고 가정해보자.

1. 왜 고객은 영화 예매를 할 수 없었는가?

예매 가능한 좌석을 선택할 수 없었기 때문에, 그다음 결제 단계로 넘어가는 것이 불가능했다.

2. 왜 좌석을 선택할 수 없었는가?

예매 가능한 좌석 정보를 불러올 수 없었다.

3. 왜 예매 가능한 좌석 정보를 불러올 수 없었는가?

기존 예매 정보를 실시간으로 호출하는 API가 정상적으로 작동하지 않았다.

4. 왜 API가 정상적으로 작동하지 않나?

배포 전 호출된 API 세부사항을 업데이트하지 않았다.

5. 왜 업데이트하지 않았나?

유관 부서와 사전 커뮤니케이션을 충분히 하지 않았고, 문서화가 제대로 완료되지 않았다.

발생할 문제는 다양하겠지만, 이렇게 깊숙이 파고들다 보면 원인을 파악할 수 있게 된다. PO와 개발 조직은 그 사실을 인지한 후, 다시 재발하지 않도록 노력해야 한다.

물론 개발물에서 발생되는 버그는 PO보다는 개발 조직장이 더 밀접하게 관리해야 한다. 하지만 PO도 발생되는 문제의 원인을 알아야 미래에 발생할 문제에 대응하기 수월해진다. PO는 5 Why가 제대로 작성되었는지 반문도 해보고, 정말로 원인이 명확하게 판명되었는지 되물어야 한다. 그렇게 모두가 납득할 결론이 나면, 다시는 유사한 문제가 재발하지 않도록 주의한다. 그리고 혹시라도 중장기적 솔루션을 도입해야 할 상황이라면, PO는 이를 백로그에 기록하고 적절한 시점에 개발 조직과 협의하여 완벽한 솔루션을 적용해야 한다.

11장

어떤 인재를 PO로
선발해야 하는가

PO 채용에 앞서
일감부터 확인하자

"스티븐, PO나 PM 한 명 더 필요하지 않겠어요?"

"아니, 아직은 괜찮아요. 개발팀 중 하나가 추가적으로 채용 중이니까, 채용되는 인원 수가 확정되면 그때 고민해볼게요. 그 팀의 규모가 커지면 일감도 많아질 테니, 제가 버거워질 듯싶으면 일단 PM 충원을 고려해보고 싶어요. 그 팀은 별도 PO가 필요 없어요."

"알았어요. 지원자를 검토하고 충원하는 데 몇 개월씩 걸리니까 최대한 미리 결정하는 게 좋을 거예요."

"네, 생각해볼게요."

내가 맡고 있는 프로덕트 수가 급증하자 동료가 충원이 필요 없는지 물었다. 나는 당분간 추이를 보고 판단하겠다며 이유를 설명했다.

PO는 단어 뜻 그대로 프로덕트를 'Own(소유)'하는 사람이다. 오너면 프로덕트에 대해 전적인 책임을 지니고, 그 프로덕트의 개선 방향성에 대해 의견을 충분히 제시할 수 있어야 한다. 그래서 신규 프로덕트를 처음부터 개발하는 작업에 투입되는 것을 선호하는 PO도 있다. 백지 상태에서 개발 조직과 함께 하나의 프로덕트를 고안할 수 있기 때문이다. 하지만 새로운 프로덕트보다는 현재 진행 중인 프로덕트를 개선하는 데 투입되는 경우가 더 많다.

나는 PO에게 오너십은 필수라고 믿는다. 나에게 주어진 일감이 많아져서 그 일부분을 새로운 PO에게 나누게 되면, 그 PO는 당분간 내가 이미 설정한 목표와 계획을 이행만 하게 될 것이다. 자신의 목소리가 거의 반영되지 않을 확률이 높다.

쿠팡에는 PO를 도와주는 PMProduct Manager(프로덕트 매니저) 또는 TPMTechnical Program Manager(기술 매니저)이 있다. 나도 다수의 TPM이 나에게 직접 보고하는 체계 속에서 PO 역할을 수행하고 있다. PO와 PM, TPM의 차이에 대해서는 조직이나 회사마다 다르겠지만, 보통 다음 페이지의 표와 같이 분류 가능하다.

PO가 설정한 목표를 달성할 수 있도록 세부적으로 조율하고 실행해주는 자가 PM 또는 TPM이다. 특히 기술적으로 여러 팀의 협업이 필요할 경우, TPM이 도움을 줄 수 있다. PO가 보다 거시적인 시각을 가지고 요구사항을 정의할 수 있도록, PM과 TPM은 세밀하게 진행 상황을 검토하며 개발이 계획에 맞춰 진행되도록 살핀다.

이런 협업 구조 때문에, 나는 당장 PO나 PM 충원이 필요 없다고 밝

직무	역할	종합
PO	– 고객을 대변하면서 사업적인 가치를 창출할 수 있는 가설 설정 – 가설을 검증할 방법을 계획하고, 개발 및 디자인 요구사항 정의 – 성공 지표, 세부 지표 등을 검토하고 데이터 분석 진행 – 에픽, 스토리 등의 개발 티켓 생성 – UT 진행 후 고객 피드백을 정리하고 공유 – 고객 및 유관 부서와의 소통을 통해 개발 백로그 관리	전략가
PM/TPM	– 개발 조직과 협의하여 개발 일정 정의 – 구체적인 개발 티켓 생성 및 정리 – 타 개발 조직과 협력해야 할 경우, 요구사항 정리 및 회의 진행 – 상세한 테스트 방식 기획 후, 테스트 진행 – 신규 기능 또는 프로덕트에 대한 사용 설명서 작성 및 배포 – 고객 및 유관 부서의 상세 문의에 대한 답변	실행자

했다. PO는 프로덕트에 대한 명확한 이해를 통해 요구사항을 정의해줘야 하는데, 특정 개발팀에 신규 개발자가 채용되고 있는 시점에 PO까지 새로운 인원으로 충원되면 서로 힘들 게 뻔했다. 양쪽 다 프로덕트에 대한 이해도가 떨어지기 때문이다. 그렇다고 실행을 도와줄 PM이나 TPM이 당장 필요한 것도 아니었다. 그 개발팀의 일감은 내가 충분히 실행까지 다 지원해줄 수 있기 때문이었다. 만약 일감이 너무 많아지면 PO보다는 PM이나 TPM으로 충원하고 싶다고 한 이유다.

요즘은 PO 채용 공고를 흔히 접할 수 있다. IT와 관계가 먼 것 같은 대기업도 PO를 채용하려고 한다. 하지만 채용 공고와 사업 목적을 읽어보면, 과연 PO가 적합한 직무일지에 대한 의문이 드는 경우도 더러 있다. 다음과 같은 최소 조건이 형성되지 않으면, PO를 채용하지 않는 것이 좋다.

1. PO에게 전적인 오너십을 줄 수 있어야 한다.
2. PO가 협업할 수 있는 전담 개발 조직이 있어야 한다.

이미 정해진 전략을 이행하는 직무는 PO가 할 일이 아니다. 경영진이 결정한 사업을 개발물로 구현해주는 것은 TPM이나 프로젝트 매니저Project Manager에게 더 적합하다. PO가 데이터를 보고, 고객의 소리를 듣고, 가설을 설정하지 못한다면, PO는 필요 없다. 조직 구조 자체가 수직적 위계구조 형태라 윗선에서 시킨 내용을 그대로 이행해야 하거나, PO가 계속해서 기획 및 보고를 해야 한다면 절대로 PO를 채용해서는 안 된다. 신속하게 가설을 설정하고 MVP를 만든 후 테스트를 진행해서 검증하는 걸 지속적으로 할 수 있는 환경이어야 한다.

PO는 개발 조직이 없으면 아무것도 할 수 없다. 개발 조직과 긴밀하게 협업하면서 결과를 도출해내는 사람이 PO인데, 개발해줄 동료가 없다면 참담한 기분일 것이다. 만약 가설만 설정하고 보고서만 작성하는 직무라면, PO를 채용할 필요가 없다. 그리고 내부 개발 조직이 없어서 외주 업체를 활용해야 한다면, 그 또한 PO가 필요 없다. 외주 업체에는 자체적으로 PM이 있는 경우가 많으니, 회사에서는 프로젝트 매니저를 채용해서 외주 업체가 일정을 잘 준수하는지 확인하면 된다.

한 공간에 PO와 개발 조직을 한데 모아 전적으로 오너십을 줄 수 있어야 한다. PO를 미니 CEO라고 여기고, 하나의 회사 내 회사처럼 운영해야 한다. 이런 환경이 갖춰지지 않았다면, PO 대신 다른 직무를 채용하는 것을 추천한다.

PO를 채용하기에 앞서 일감과 환경을 확인하라. 새로운 프로덕트를 만들거나, 기존 프로덕트를 전담으로 책임지고 개선해주길 바라면 PO를 채용해야 한다. 이미 정해진 계획을 빈틈없이 실행하는 상황이라면, PM이나 TPM을 채용하는 것이 좋다. 전담 개발팀이 없는 경우에도 PO가 필요 없다. 너무 성급하게 PO를 채용하려고 하지 마라. PO가왜 필요한지 고민해본 후 진행하는 것이 회사와 PO 모두에게 도움이된다.

무한한 잠재력을 알아보는 법

"안녕하세요, 잠시만 시간을 주시겠어요? 준비를 먼저 하겠습니다."

회의를 마치고 시간에 맞춰 급하게 면접실에 들어와 앉으며 지원자에게 말했다. 컴퓨터를 책상에 올리고 메모장을 연 후, 다시 이어갔다.

"저는 스티븐이라고 합니다. 먼저 제 소개부터 간략하게 해드릴게요."

나는 제일 먼저 내가 무엇을 하는 사람인지에 대해 모든 지원자에게 설명한다. 내가 누군지도 모른 채 대화를 시작하면 지원자는 어리둥절할 수 있기 때문이다. 그리고 먼저 정중히 자기 소개를 하는 것이 귀한 시간을 내어 내방한 지원자에 대한 최소한의 예의라고 생각한다.

"이력서는 잘 읽어봤습니다. 먼저 가장 최근에 하고 계신 업무에 대해 간략하게 소개해주시면, 그것에 대한 질문을 드리며 대화를 이어나가고자 합니다. 그럼 시작하기 전에, 혹시 제가 대화 도중 간간이 컴퓨터로 타이핑을 해도 괜찮을까요? 기억하려면 메모를 남기는 게 도움이 되어서 여쭤봅니다."

PO 면접뿐만 아니라, 그 어떤 직무의 면접을 들어가도 나는 제일 먼저 최근 업무에 대한 설명을 부탁한다. 몇 년 전에 무엇을 했는지, 오래 전에 어떤 학교를 나왔는지 등은 내가 판단하는 데 큰 도움이 되지 않을뿐더러, 이미 이력서를 통해 파악했기 때문이다. 오히려 그 학교를 나와서 오래전부터 꾸준히 거쳐온 경험의 결과물인 현재의 사고방식을 이해하는 데 시간을 투자하고 싶다. 특히 PO 지원자의 면접을 볼 때는 이 점이 중요하다.

상대방에 대한 판단을 내리기 전, 그 지원자가 처했던 상황을 충분히 이해해야 한다. 맥락 없이 평가를 할 수는 없기 때문이다. 그래서 설명을 들으며 내가 이해하지 못하는 점들은 곧바로 물어본다. 아무리 내가 바보 같아 보일지라도, 거리낌 없이 질문한다. 예를 들어, "제가 마케팅 플랫폼에 대해서는 잘 모르는데, 방금 설명하셨던 것 중 언급하신 약자의 뜻을 알려주실 수 있을까요?" 등의 질문을 거듭 건넨다. 내 머릿속에 PO 지원자가 최근 처했던 상황을 상세하게 그릴 수 있을 때까지 대화를 이어간다. 주로 약 10분 정도는 소요되는 것 같다.

"설명 잘 들었습니다. 감사합니다. 그럼 대화 초반으로 잠시 되돌아가볼게요. 회사의 목표를 간략하게 언급하셨는데, 책임지신 플랫폼의 구체적인 목적은 무엇이었나요? 달성 여부는 어떻게 판단하셨죠?"

어떤 상황에서 무엇을 책임졌는지 충분히 이해하게 되면, 나는 딥다이빙Deep-Diving을 시작한다. 깊숙이 파고들면서, 지원자가 여러 가지 결정을 왜, 어떻게 내렸는지 이해하기 위해서다. 일단 지원자가 책임진 프로덕트가 어떤 고객을 위해 무슨 가치를 제공하고 있는지 알고 있어야 한다. 단순히 경영진이 시켰기 때문에 진행했다는 대답을 들으면 PO로서의 적합성을 의심해본다. 그리고 자신이 맡은 프로덕트가 회사 전체의 목표에 어떤 역할을 하고 있는지 알고 있어야 한다. 회사 전체에 대한 넓은 시각을 가지고, 고객 중심적인 사고방식을 통해 성공 지표를 설정해본 경험이 있는지 확인하는 것이 중요하기 때문이다.

PO 면접에서 딥다이빙할 때 물어볼 수 있는 질문의 예는 다음과 같다.

질문1: 책임진 프로덕트의 고객은 누구인가요?

내 · 외부 고객 유형을 충분히 인지하고 있는지 확인하기 위해서다. 프로덕트를 사용하는 수많은 고객에 대한 데이터를 본 후, 분류할 수 있는 능력을 갖춰야 하기 때문이다. 예를 들어, 은행 앱을 사용하는 고객 중 주로 자산을 확인하는 고객, 송금을 자주 하는 고객, 대출을 신청하는 고객, 신규 가입했으나 활동하지 않는 고객 등 다양한 부류가 있을 것이다. 유튜브 같은 동영상 스트리밍 프로덕트에도 주로 콘텐츠를 소비하는 고객과, 콘텐츠를 생성하는 고객이 있다. 콘텐츠를 생성하는 고객 중에서도 양질의 콘텐츠를 주기적으로 자주 올려서 매출을 발생시키는 고객과, 가치가 낮은 콘텐츠를 가끔 업로드하는 고객이 있을 것이다. 이렇듯 하나의 프로덕트를 사용하는 고객은 매우 다양하다. 그들을 인지한 다음, 각각을 위해 어떤 가치를 제공하고 있는지 이해해야 한다.

질문2: 과연 그 고객뿐인가요?

대답을 못 하는 지원자들이 꽤 많다. 고객을 세분화해서 분석해본 경험이 충분히 없기 때문이다. 그런데 고객을 인지하는 방식은 트레이닝하면 금방 터득할 수 있기 때문에, 재차 질문을 통해 가능성이 있는지 파악해야 한다. 이때 유능한 지원자는 대화를 통해 자신의 프로덕트가 훨씬 더 다양한 고객에게 가치를 제공해왔다는 사실을 깨닫게 된다.

질문3: 만약 그 두 가지 고객 중 하나만 우선적으로 택해야 한다면, 누구에게 집중하실 건가요?

PO는 매우 한정적인 자원과 시간을 가지고 최적의 결정을 내려야 한다. 때로는 매우 중요한 것들 중 한쪽을 포기하는 결정을 내릴 필요도 있다. 그래서 이런 질문을 건네며 우선순위를 어떤 기준으로 내리는지 파악하도록 한다. 예를 들어, 집안 청소를 도와주는 홈클리닝 앱이 있다고 가정해보자. 한 고객은 집안 청소를 요청하는 일반 고객이다. 다른 고객은 그런 요청을 받아 청소해주고 돈을 받는 서비스 제공자다. 둘 다 없으면 프로덕트는 망한다. 그런데 개발 조직은 한정되어 있다. 청소를 요청하는 경험을 우선적으로 개선해야 할까, 아니면 청소 서비스가 원활하게 제공되도록 청소 제공자를 위한 기능을 개선해야 할까?

동영상 스트리밍 서비스를 다시 예로 들어보자. 콘텐츠를 소비하는 고객과, 콘텐츠를 생성하는 고객이 있다. 이 둘 중 하나만 선택해서 경험을 개선해야 한다면, 어느 고객을 택할 것인가? 콘텐츠를 편하게 시청할 수 있도록 투자해야 할까? 아니면 양질의 콘텐츠가 더 많이 축적되도록 생성자를 위한 경험을 최적화해야 할까? 무조건 한쪽만 집중해야 한다고 질문하면, PO의 사고방식과 우선순위 결정 과정을 확인할 수 있다. 이런 질문을 받아본 적이 없기 때문에 당황하겠지만, 어차피 PO는 일상적으로 비슷한 결정을 신속하게 내리는 경우가 많다. 대답을 잘 듣다 보면 지원자가 전략적·거시적 사고를 하는지 알아챌 수 있다.

질문4: 설명하신 방식을 더 간소하게 구현하려면 어떻게 할 수 있을까요?

PO는 개발 조직과 협업해야 하는 존재다. 기술적인 이해도가 부족하면 원만한 관계를 맺을 수 없다. 지원자가 프로덕트가 개발된 과정을 설명할 경우, 그 기술적 구현 방식을 보다 더 간소화할 수 있는지 물어보면 얼마나 이해하고 있는지 알 수 있다. 특히 그런 간소화 과정을 통해 고객에게 더 나은 경험을 제공할 수 있는지 확인해보는 것이 좋다. 어떤 지원자는 시간이 부족해서, 자원이 없어서 그런 간소화 작업을 고려하지 않았다고 대답하기도 한다. 그럴 때는, 이제 그 문제를 해결하는 것에 모든 자원을 활용할 수 있다고 가정해본 후, 그 과정을 설명해달라고 재차 물어본다. 회사 내부 시스템 간의 관계, 데이터 축적 방식, 그리고 그걸 통해 자동화할 수 있는 가능성 등을 이해하고 있는지 검증해본다.

이렇게 딥다이빙을 약 1~2개의 프로덕트에 대해 진행한다. 가장 최근에 담당했던 프로덕트에 대해서만 물어본다. 몇 년 전에 참여했던 프로젝트는 큰 의미가 없기 때문이다. 만약 지원자가 특정 프로덕트에 대한 대답을 회피하고 다른 것에 대해서만 설명하려고 하면, 왜 회피하려고 하는지 파악해본다. 정말 본인이 PO로서 책임졌는지 확인한다. 그 외 이력에 대해서는 이미 채용팀이나 다른 면접관들이 확인했을 테니, 나는 생략한다.

이제 마지막 단계로 케이스Case를 하나 제시한다. 특정 상황을 가정해보며 문제를 해결하는 능력을 검증해보는 절차다. PO 면접관들은 주로 자신이 가장 잘 아는 프로덕트를 기반으로 문제를 제시하거나, 혹은 최근 직접 직면했던 이슈에 대해 물어볼 때도 있다. 해결책을 바라는 게 아니라, 어떤 관점으로 접근해서 문제를 푸는지 확인하기 위한 절차다. 내가 그간 제시했던 케이스 중 예시는 다음과 같다.

가장 최근에 전자상거래 앱을 통해 물건을 구매하신 적이 있나요? 아네, 아이를 위해 장난감을 구매하셨군요. 그럼 어떤 고객이 '장난감'이라는 단어만 검색창에 입력해봤다고 가정해볼게요. 검색을 담당하는 PO로서, 그 특정 고객이 가장 만족할 만한 장난감 제품을 결과 맨 상단에 노출하고 싶어요. 어떻게 구현하실 건가요?

PO 면접이기 때문에, 기술적 구현에 대한 상세한 설명을 바라지는 않는다. 내가 확인하고자 하는 것은 PO의 역량과 더 밀접한 관계가 있다.

일단, 요구되는 상황을 정확하게 파악했는지 확인한다. 장난감이라는 건 예시일 뿐이다. 핵심은 단어 한 개만 받은 상황에서 수많은 상품 중 하나를 골라, 그 고객이 만족할 거라는 확신을 가지고 노출하는 것이다. 정말 뛰어난 지원자라면, 이 질문에서 '만족'이라는 단어를 포착한다. 내가 아무리 강조해도 이 점을 놓치는 지원자들이 다수인 반면, 뛰어난 지원자는 단순히 가장 잘 팔리는 베스트셀링 상품을 상단에 노출하는 게 아니란 사실을 인지하고 문제를 푼다. 만족이라는 단어 하나 때문에, 이 케이스는 개인화 영역까지 포함한다.

문제를 잘 파악했다면, 활용 가능한 데이터가 뭔지 파악해보는 게 중요하다. 수많은 데이터 중 무엇을 중요하게 고려해야 하는지 고민해봐야 한다. 그리고 그 데이터를 활용 가능한 형태로 분류해야 한다. 예를 들어, 이 케이스에서는 크게 봤을 때 고객에 대한 데이터와 상품에 대한 데이터로 구분 가능하다. 고객을 이해한 후, 그에 맞는 상품을 제시해야 하기 때문이다. 각각에 대한 데이터를 어떤 구조로 나눠서 활용할지 고민해보는 지원자는 드물다. 하지만 그렇게 사고할 수 있는 지원자는 오랫동안 기억에 남는다.

가장 이상적인 지원자는, 이런저런 구현 방법을 설명한 다음 그 모든 절차가 정말 성공적인지 검증하는 방법까지 제시하는 자다. 스스로 "정말 이게 그 고객에게 만족스러웠을까?"라는 질문을 던져본 후, 그걸 확인할 절차를 설명하는 것이 중요하다. PO는 가설을 설정하고, 개발 조직과 구현한 다음, 테스트까지 해야 하는 직무이기 때문이다. 자발적으로 자신의 방식을 검증하는 프로세스까지 설명한다면, 매우 훌륭한 PO 지원자로 인식될 것이다.

케이스를 제시하는 이유는 주어진 문제를 처음부터 끝까지 풀어보는 과정을 확인하기 위해서다. 정답은 없다. 프로덕트를 구현하는 방법은 다양하기 때문이다. 문제를 제대로 파악하고, 주어진 자원이 무엇인지 고민해본 다음, 로직을 짜본 후, 프로덕트를 어떻게 구현할지 설명하고, 검증하는 절차까지 고려해야 한다. PO는 매일 이런 고민을 해야 하기 때문에, 면접 때 케이스는 최소 한 가지 제시하는 것이 좋다.

케이스까지 완료하면, 반대로 지원자에게 회사나 면접관에 대해 질문할 기회를 준다. 이때 나는 질문에 따라 지원자가 무엇을 중요하게 생각하는지도 파악해보려 한다. 보상이나 직급에 대해 물어보면 인사팀에 문의하라고 한다. 반대로 나 또는 동료 PO가 직면하는 문제, 예를 들어 목표나 고객 등에 대한 질문을 하면 PO 간의 대화가 원활하게 이뤄진다. 면접이 끝나고 나면, 다른 면접관들이 모두 모인 회의에서 토론을 한다. 각자 면접 후 작성한 리포트를 기반으로 장단점을 거론하고, 특이사항을 짚어준다. 충분한 토론을 거쳐 지원자를 선정해야 한다. PO에게 가장 중요한 자질이 무엇인지 떠올리고 그에 준한 능력을 갖췄는지 판단한다.

아직 국내에는 PO 자원이 풍부하지 않다. 그래서 완벽한 PO를 찾기란 매우 어렵다. 그렇다고 PO가 갖춰야 하는 자질을 지니지 않은 지원자를 선택할 필요는 없다. 경험은 충분하지 않더라도, PO의 자질을 갖춘 지원자는 분명 존재하기 때문이다. 완벽한 PO가 없다면, 완벽에 가까워질 수 있는 가능성을 지닌 지원자를 선택하라.

능력 있는 PO로 성장하는 길

"한 가지 조언을 해주자면, 명확한 개발 완료 일자가 정해지지 않으면 미정이라고 표기하는 게 훨씬 나아요. 여러 유관 부서가 보는 문서에 대충 12월 말이라고 적어놓으면, 기대치 관리를 하기 어렵기 때문이에요."

"알겠습니다. 다음부터는 미정이라고 적어놓을게요."

"그래요, ETA는 신뢰할 수 있는 수준이 될 때 적어야 해요. 그나저나, 내가 이렇게 비판적으로 조언을 자주 하는데, 괜찮아요?"

"당연하죠. 저는 PO가 되고 싶어요. 그런데 그동안 이렇게 조언해주는 사람이 없었어요. 당신이 말해주는 것들이 큰 도움이 되고 있어요."

함께 일하는 기술매니저TPM와 주간 면담을 가지며 내가 물었다. 나는 상당히 직설적이라, 프로덕트와 조직 전체의 발전에 작은 걸림돌이라도 생기면 조언의 형태로 다른 방법을 제안하기 때문이다. 상대방의 노력을 인정하고 기분이 안 상하도록 단어를 조절하려 하지만, 내 뜻과 다르게 상대방의 기분이 상할 수도 있다는 사실을 알고 있다. 그래서 물어봤는데, 의외로 긍정적인 답변이 돌아왔다.

목표 달성을 위해 강하게 밀고 나가면서, 개발 조직에게 두루 존중받는 PO는 없다고들 말한다. 그런 이상적인 PO는 존재할 수 없다면서 단념하는 PO들을 흔히 봤다. 나의 예전 상사 중에서도 자신의 성격을 개발 조직에서 싫어한다며, 포기했다는 듯이 털어놓는 경우도 있었다. 상당히 많은 PO가 성과 달성에 초점을 맞추고, 관계 형성을 등한시한다. 욕을 먹어도 어쩔 수 없다는 태도를 갖는다.

어렵겠지만, 포기하지 말고 이상적인 PO가 되기 위해 노력해야 한다고 생각한다. PO가 되고자 하는 인재가 있다면, 개발 조직 및 유관 부서와 어떻게 협업해야 하는지에 중점을 두고 조언한다. 그리고 그 사람이 인정받을 수 있는 환경을 조성해주려고 한다.

새로운 PO가 채용되어 입사했다고 가정해보자.

PO에게는 오너십Ownership이 제일 중요하다. 이 오너십의 개념이 무너지면, PO는 힘을 잃게 된다. PO가 자신의 프로덕트에 대한 직접적인 가설 설정과 요구사항을 정의할 수 없다면, 그 누구도 그 PO의 오너십을 인정하지 않을 것이다. PO를 채용했다면, 기본적으로 그 PO에게 오너십을 모두 넘겨야 한다. 상사라는 이유로 대신 결정을 내려버리면, 개발 조직과 유관 부서는 PO 대신 상사를 실질적인 오너로 인지하기 때문이다.

PO가 재빨리 적응하려면, 프로덕트에 대한 이해를 쌓아야 한다. 한 가지 프로덕트도 중요하지만, 다른 시스템들과 어떻게 유동적인 관계를 맺고 있는지 파악하도록 도움을 주는 것이 좋다. 입사하면 다른 프로덕트의 PO 및 개발 매니저들과 개별적으로 면담할 수 있도록 조언해주자. 그리고 유관 부서 중 요청사항을 주로 전달할 인물을 PO에게 알려주는 것이 도움이 된다.

절대로 모든 걸 직접 다 설명해주려 하지 마라. PO가 지식을 얻는 것도 중요하지만, 다른 PO와 개발 매니저, 그리고 유관 부서원들과 안면을 트고 관계를 형성해야 하기 때문이다. 직접 만나며 자기 자신을 소개하는 과정이 상당히 중요하다. 이제 다른 이들이 그 PO를 새로운 오너로 인식하고 곧바로 문의나 요청사항을 전달할 것이다.

PO가 자신감을 얻을 때까지 기회를 주도록 하자. 상당한 경력을 갖춘 PO라면 단기간에 시스템과 사업, 그리고 고객에 대해 이해한 다음 복잡한 문제를 해결할 수 있을 것이다. 하지만 대다수는 새로운 환경에서 자신을 증명할 시간이 필요하다. PO가 입사했다고 곧바로 모든 것을 해결해줄 거라 믿으면 안 된다.

작은 것부터 책임질 수 있게 하라. 아무리 경험이 풍부한 PO라도, 큰 규모의 프로덕트를 곧바로 넘겨받으면 부담이 된다. 상사라면, 허용되는 선에서 최소한의 프로덕트를 구분지어 PO에게 위임하도록 하자. 적어도 한 분기 정도는 비교적 작은 프로덕트를 책임져보면서 회사, 사업, 시스템, 그리고 고객에 대해 충분히 이해할 수 있도록 기회를 마련해주는 것이 좋다.

성과를 인정해주는 것도 중요하다. PO는 스스로 모든 성과를 내지는 못한다. 개발 조직, 디자이너 등과 협업하며 결과를 낸다. 하지만 그 과정에서 PO는 매우 많은 고민을 하고 검증했을 것이다. PO가 주도적으로 목표를 설정하고 이끌지 않으면, 명확한 성과가 제때 나오기 어렵다. 만약 새로 입사한 PO가 어느 정도 성공 지표를 달성하기 시작하면, 공개적으로 인정해주도록 하자. PO의 기여도를 인정받을 수 있게 다른 이들이 도와줄 수 있는 방법이기 때문이다.

PO라면 개발 조직이나 디자이너, 애널리스트, 유관 부서, 심지어 고객과도 마찰을 경험할 것이다. 명백하게 PO의 잘못이 아니라면, 단번에 어느 특정 편을 바로 들어주지 말아야 한다. 마찰이 생길 때마다 상사가 대신 개입하는 것은 장기적으로 봤을 때 좋지 않다. PO 스스로 문제를 일단 해결하되, 지켜보다 상황이 악화될 것 같으면 중재하라. PO 스스로 문제를 해결하다 보면 더 건강한 관계 형성이 가능하니, 믿고 지켜보는 편이 낫다.

PO에게는 면접에서 물어본 것처럼 딥다이빙하는 습관을 길러주자. 입사한 PO가 스스로 모든 상황에서 반문과 딥다이빙을 할 수 있도록, 상사가 계속해서 질문해주는 것이 좋다. "설정한 성공 지표를 봤는데, 이 중 가장 중요한 지표가 뭔가요?" "왜 ETA가 이렇게 늦게 산정된 거죠?" "이게 가장 간소화된 설계인가요?" 등의 질문을 주기적으로 던져주자. 궁극적으로는 PO가 자기 스스로에게 이런 질문들을 하기 바란다.

답을 정해서 주지는 마라. PO는 직접 가설을 설정하고 테스트해볼 수 있어야 하는데, 상사가 정해주면 발전할 수가 없다. 계속해서 상사가 강요하면, PO는 개발 조직이나 유관 부서가 모인 회의에서 "상사가 시켰어"라고 말하게 된다. 그런 말을 하는 순간, 그 PO의 오너십은 무너진다. 더 이상 다른 이들은 그 PO의 결정을 순수하게 받아들이지 못할 것이다. '상사가 시켰겠지'라는 생각을 할 테니 말이다.

차라리 "상사가 시켰어"라는 말을 못 하게 직접적으로 조언하라. 결정은 PO가 주도적으로 내리는 것이다. 아무리 사업상 꼭 필요한 프로젝트라서 급하게 PO를 통해 지시가 내려졌어도, PO는 왜 그 기능을 개발해야 하는지에 대해 논리적으로 다른 이들에게 설명할 수 있어야 한다. PO가 회사의 목표를 인식하도록 주도해야지, 강요하면 안 된다. PO가 왜 그 기능을 개발해야 하는지 공감할 수 있게 설명해줘야 한다.

PO는 오너라는 점을 명심하자. PO를 채용했으면, 오너가 되도록 환경을 조성하라. 개발 조직과 유관 부서로부터 존중받을 수 있게 자율성을 주고 행동 방침에 대해 조언해주는 것이 좋다. 과감하게 목표를 설정하고 달성하는 것을 장려하되, 다른 이들에게 존중받는 PO가 되도록 방향성을 제시해야 한다. PO가 자신감을 얻어 오너십이 자연스레 커지면, 보다 더 효과적으로 고객에게 가치를 제공하는 프로덕트를 선보일 수 있기 때문이다.

처음부터 PO가 아니어도 된다

사실상 곧바로 본격적인 PO 업무를 수행할 수 있는 인재는 전 세계적으로 많지 않다. PO로 성장할 수 있는 경험을 쌓을 수 있는 유의미한 기회조차 흔치 않기 때문이다. 그래서 당장 PO의 역량을 모두 갖춘 인력을 영입하려는 것은 무리일 수 있다.

차라리 PO로 성장시킬 수 있는 발판을 마련해주는 것이 인재나 회사 모두에게 도움이 될 수 있다. 인재는 PO에게 요구되는 압박을 조금 덜어낼 수 있고, 회사에도 자체 분위기와 목표에 부합하는 인재를 올바르게 성장시킬 수 있는 기회가 주어진다. 양측의 기대치만 조율되어 맞출 수 있다면, 처음부터 PO로 영입하는 것보다 나을 수 있다.

당장 PO의 역량을 갖춘 인재 발굴이 어렵다면, 다음과 같이 성장 프로세스를 마련해주는 것도 도움이 된다.

1. 개발이나 UX 디자인 분야 인재 중, 프로젝트를 이끌어본 경험 보유자를 선별한다.
2. 문제 해결 능력이나 데이터 분석력이 뛰어나다고 판단될 경우, 작은 프로젝트를 맡겨본다.
3. 직무는 프로그램 매니저, 테크니컬 프로그램 매니저 등으로 맡기는 것이 좋다.

4. 에픽과 궁극적인 목표, 달성해야 할 수치 등은 대신 정해줘도 된다.

5. 다만 프로그램 매니저가 직접 고객이나 내부 부서와 소통하며 구체적인 요구사항을 정리하도록 한다.

6. 하나의 프로젝트가 원만하게 진행되어 배포까지 이어지면, 좀 더 큰 규모의 프로젝트를 맡긴다.

7. 궁극적으로는 다수의 프로젝트를 동시에 수행할 수 있도록 기회를 마련해준다.

8. 하나의 프로덕트를 전반적으로 책임질 수 있다고 판단될 때, PO로 직무 전환시킨다.

처음부터 PO의 역량을 기대하기보다는, 적절한 역량을 갖춘 인재를 발굴하여 프로그램 매니저로서 경험을 차곡차곡 쌓게 해주는 것이 좋다. 여러 가지 프로젝트를 동시에 진행하다 보면, 자신만의 요구사항 정리 및 백로그 관리 방법을 터득하게 된다. 그리고 그 과정을 통해 메이커, 유관 부서, 그리고 무엇보다 고객과의 관계를 형성할 수 있다. 약 6개월에서 1년간은 이렇게 차분히 적응할 기회를 준 후, PO로 직무를 전환하는 방식이 효과적이다.

PO로서의 경험을 모두 갖춘 인재는 드물다. 하지만 PO의 자질을 보유하고 있는 인재는 찾아보면 꽤 많다. 문제의 본질을 파악하고, 데이터를 분석하고, 체계적으로 해결책을 마련하고, 우선순위를 정하고, 협업자나 고객과 원활하게 소통할 수 있는 인재라면, 프로그램 매니저로서 경험을 쌓고 PO로 성장하도록 이끌어주면 된다.

처음부터 모든 역량을 갖춘 PO를 고집할 필요는 없다. PO를 채용할 수도 있지만, 회사에 맞는 PO를 육성하는 방법도 고려하길 바란다. 그래야 프로덕트 생태계가 더 성장할 수 있을 거라 믿는다.

"PO로서 갖춰야 할 가장 중요한 자질이 뭐라고 생각하세요?"

PO 양성 과정을 준비 중인 교육 업체의 담당자가 물었다. 뭐든 다 열심히 잘해야 한다는 대답을 잠시 억누르고, 곰곰이 생각해보았다.

"쿠팡의 리더십 원칙 중 제가 늘 가슴속에 새겨두고 돌이켜보는 것은, 체계적으로 생각하기Thinking Systematically와 깊게 파고들기Dive Deep입니다. 이것을 할 줄 알아야 해요. PO를 양성할 때에도 원칙을 주입시키기보다는, 여러 가지 케이스를 해결해보며 분석하는 능력을 키워야 합니다."

PO는 본질이 무엇인지 파악할 수 있어야 한다. 문제가 생기면, 그 원인이 뭔지 찾아내야 한다. 그래야 다시는 똑같은 실수를 반복하지 않을 수 있기 때문이다. 프로덕트를 성공적으로 론칭했다면, 그것에 대한 원인도 찾아내야 한다. 그래야 또다시 그것을 적용해볼 수 있기 때문이다. 매사에 원인을 탐구하고, 더 나은 프로덕트를 어떻게 만들 수 있을지 고민해야 한다.

그런데 내가 그 담당자에게 말하지 않았던 것이 있다. 체계적으로 생각하고 깊게 파고들어서 원인을 파악하려는 행위는, 올바른 프로덕트를 만들기 위해서다. 그리고 올바른 프로덕트를 만들기 위한 노력은, 결국 고객에게 감동적인 경험을 선사하기 위해 필요한 행위라는 사실이다.

PO가 가장 우선적으로 갖춰야 할 자질을 하나만 뽑자면, 고객 입장에서 공감하고 생각할 수 있는 능력이다. 고객이 무엇을 필요로 하는지, 무엇을 만족하는지, 그리고 무엇을 불편해하는지 알아야 한다. 진정으로 고객의 입장이 되어 공감할 수 있어야 한다.

더 나아가 고객이 무엇을 필요로 하는지, 무엇을 만족하는지, 그리고 무엇을 불편해하는지 모르고 있을 때 대신 파악하고 최적의 경험을 제공하도록 한다. 고객을 완벽하게 이해했다면, 고객이 직접 인지하기도 전에 이미 알고 있어야 한다.

그러고 나서, PO는 그 최적의 경험을 제공하려고 무언가를 만들어야 한다는 마음가짐을 갖춰야 한다. 발상에서 끝내는 게 아니라, 더 나은 경험을 실제로 선사하고자 하는 진심 어린 마음 말이다. 이것을 원동력 삼아야, 프로덕트를 만들 수 있다.

마지막으로, 그 프로덕트를 하루 빨리 선보이려고 하는 행동력이 뒷받침되어야 한다. 실행에 옮기고, 걸림돌이 되는 것들을 지체 없이 제거하면서, PO는 조금이라도 더 신속하게 검증된 프로덕트를 선보여야 한다. 고객이 오래 기다려서는 안 된다는 압박감을 스스로에게 주도록 한다.

고객과 진정으로 공감하고, 더 나은 경험을 선사하고 싶다는 진심이 있고, 그리고 그걸 올바른 프로덕트로 만들어 하루 빨리 제공하려는 절박감이 있다면, 분명 훌륭한 PO가 될 수 있다. 그 일련의 과정에서 PO는 체계적으로 생각하고 깊게 파고들어야 한다. 이 세 가지를 갖췄다면, 체계적으로 생각하고 깊게 파고들려는 성향은 필수적으로 자리 잡힐 것이다.

결국 PO는 이타적이어야 한다. 자신의 개인적인 성과나 성취가 아니라, 고객의 감동을 통해 세상을 조금 더 발전시켰다는 사실을 확인하며 만족할 수 있어야 한다. 그런 행복을 연료 삼아 이 과정을 계속 반복하려는 PO가 이 세상에 많아지길 진심으로 바란다.